人文科普 —探询思想的边界—

Home, No Room for Violence

40位家暴当事人的
创伤与疗愈

方刚 编著

家里，
容不下
暴力

中国社会科学出版社

图书在版编目（CIP）数据

家里，容不下暴力：40 位家暴当事人的创伤与疗愈 / 方刚编著. —北京：中国社会科学出版社，2024.6
ISBN 978-7-5227-3602-0

Ⅰ.①家… Ⅱ.①方… Ⅲ.①家庭问题—暴力—案例—中国 Ⅳ.①D669.1

中国国家版本馆 CIP 数据核字（2024）第 101535 号

出 版 人	赵剑英
项目统筹	侯苗苗
责任编辑	夏文钊
责任校对	王　龙
责任印制	王　超

出　　版	中国社会科学出版社
社　　址	北京鼓楼西大街甲 158 号
邮　　编	100720
网　　址	http://www.csspw.cn
发 行 部	010-84083685
门 市 部	010-84029450
经　　销	新华书店及其他书店

印刷装订	北京君升印刷有限公司
版　　次	2024 年 6 月第 1 版
印　　次	2024 年 6 月第 1 次印刷
开　　本	880×1230　1/32
印　　张	10.875
字　　数	210 千字
定　　价	69.00 元

凡购买中国社会科学出版社图书，如有质量问题请与本社营销中心联系调换
电话：010-84083683
版权所有　侵权必究

本书正文包含有关家庭暴力案例的细节描述,请读者注意,若引发不适请根据自身情况暂停阅读。

目 录

我们为什么需要这本书？ I

助人者如何使用这本书帮助他人？ V

家暴当事人如何使用这本书帮助自己？ IX

第一章 家庭暴力原来是这么回事 001

    第一节 几个你必须懂的关键词 002

    第二节 家庭暴力的实质、形式、特点、规律、危害 007

    第三节 这些常见的错误认识你有吗？ 014

第二章 当事人心理辅导总体要求 023

    第一节 家庭暴力，还是其他暴力？ 023

    第二节 家庭暴力当事人，怎么判定？ 027

    第三节 家暴当事人辅导的目标和形式 032

    第四节 家暴辅导人员，这样才够格 036

    第五节 家庭暴力当事人心理辅导的原则与程序 040

第三章 受害伴侣的心理辅导 049

    第一节 受害人的辅导准则 050

    第二节 辅导步骤与要点 054

    第三节 不同类型的受害人 076

第四节 受害女性辅导案例 083

　　案例1：施暴的丈夫愿意改变 083

　　案例2：看到自己的力量 089

　　案例3：她为什么这样依赖和纵容？ 097

　　案例4：放弃幻想，才能走出暴力 100

　　案例5：你没有错 104

　　案例6：家暴不是私事，是对人权的侵犯 110

　　案例7：加害后，他将责任都推给受害人 115

　　案例8：对加害人的"爱心"会变成纵容 120

　　案例9：因和丈夫在同一个事业单位工作而不敢离婚 124

　　案例10：男友说话太难听，我们"互殴" 129

　　案例11：我想分手，男友威胁我 133

　　案例12：被殴打致残的继母 136

第五节 受害男性辅导案例 141

　　案例1：我对妻子的暴力不断忍让 141

　　案例2：受害女孩成年后的婚姻 147

　　案例3：得不到关爱的妻子在加害 150

　　案例4：男性暴力受害人：是暴力还是虐恋偏好？ 154

第四章 未成年受害人的心理辅导 157

　第一节 未成年受害人辅导准则 157

第二节　辅导步骤及要点　160

第三节　未成年受害人辅导案例　167

　　案例1：弟弟出生后，妈妈开始打我　167

　　案例2：妈妈对我非打即骂　171

　　案例3：一位父亲酗酒、家暴的抑郁男孩　177

　　案例4：失恋背后的家暴阴影　180

　　案例5：爸妈离异，爸爸开始对我施暴　184

　　案例6：面对妈妈的暴力，我选择还击　188

第五章　成年原生家庭受害人的心理辅导　195

第一节　成年原生家庭受害人辅导要点　197

第二节　成年原生家庭受害人辅导案例　200

　　案例1：我不敢恋爱结婚，更怕生孩子　200

　　案例2：父亲的家暴至今仍影响我　203

　　案例3：今天虐狗，明天会虐子吗？　210

　　案例4：工作后，我终于对妈妈说"不"　213

　　案例5：我用肢体暴力，回应妈妈的精神暴力　218

　　案例6：父亲对同性恋儿子的精神暴力　222

第六章　家庭暴力加害人的心理辅导　227

第一节　加害人辅导原则　228

第二节　加害人辅导步骤及要点　235

第三节　加害人辅导案例　249

案例1：我动手打了妻子，她不原谅我　249

案例2：我只是拍了她一下　255

案例3："唠叨"背后的权力关系　263

案例4：妻子拒绝发生性关系属于暴力？　268

案例5：暴力，全是被妻子逼的　272

案例6：儿子说我是"暴力女"　280

案例7：十年后丈夫开始还手　284

案例8：我把孩子打得皮开肉绽　289

第七章 "重要他人"的心理辅导　295

第一节　重要他人的辅导原则　295

第二节　重要他人的辅导步骤及要点　297

第三节　重要他人辅导案例　302

案例1：我的朋友是加害人　302

案例2：妈妈该如何逃出爸爸的暴力魔掌　305

案例3：如何阻止丈夫打儿子？　309

案例4：如何阻止弟弟对父母施暴？　312

参考文献　319

附录　中华人民共和国反家庭暴力法　323

我们为什么需要这本书？

家庭暴力普遍存在于我们的生活中，只是，很多人没有充分认识到它的性质。许多家暴当事人，甚至不知道自己处于家庭暴力中，受害人不知道自己的受害人身份，加害人还认为自己是受害人，最可怜的是那些未成年的儿童，在家暴面前，他们[1]是最无力的，是最大的受害者。

甚至在心理咨询界，也普遍存在将家庭暴力视为家庭纠纷，从而以"维护家庭和睦"为目的咨询，这是非常可怕的。

自《中华人民共和国反家庭暴力法》（以下简称《反家庭暴力法》）在2016年3月正式实施以来，社会对家庭暴力的重视与日俱增。我们需要一本书，来帮助家庭暴力的当事人自我成长，也帮助心理咨询师等助人者成为专业的家暴辅导人才。

但是，极少数有关家暴咨询的书，几乎都在讨论受害妇女的心理辅导，对受害儿童、受害男子（虽然少，却真实存在着）、加害

---

[1] 除指代具体个体或群体的情况外，本书中人称代词"他（们）"指代的有可能是任何性别的人（群），不一定是男性。

人的咨询,却几乎完全没有介绍。

家庭暴力咨询与其他心理问题的咨询,包括与婚姻家庭情感咨询相比较,有许多极为特殊的地方。如果咨询师认识不到这些独特性,家庭暴力当事人的咨询就可能"南辕北辙"。

笔者于2010年创办"白丝带男性终止性别暴力热线"[1],主要的工作对象是家庭暴力当事人,热线的第一个来电便是男性加害人。2013年,在联合国人口基金的支持下,笔者发起了"中国白丝带志愿者网络项目",在这个项目之下,2014年、2016年,笔者分别带领了两期"原生家庭承受暴力者团体辅导小组",2019年又在全国妇联权益部的支持下,带领了《反家庭暴力法》颁布之后中国第一个家庭暴力男性加害人团体辅导小组。同时,从2013年开始,每年选择3个省举办"家庭暴力当事人心理辅导师培训",先后在15个省培训了2000多名心理工作者。而在笔者讲授的"赋权型性教育讲师培训""性与亲密关系咨询师培训""猫头鹰性教育营"当中,家庭暴力一直是重要的一部分。正是在这些工作的过程中,笔者积累了大量关于家庭暴力的案例,针对家暴当事人进行辅导的思考与实践,也逐渐完善起来。

2013年,在联合国人口基金的支持下,笔者和林爽等志愿者一

---

[1] 热线目前以微信方式运行,如需获取帮助可添加微信号:bsdgyrx。

起编写了《白丝带热线志愿者工作手册》。本书第一章、第二章，以及每章前面的辅导原则、辅导步骤部分，许多内容来自那本手册。这些部分也不可避免地借鉴了家暴咨询领域前人的成果。笔者不敢掠美，故此书以"编著"的形式署名。

书中收入的案例及咨询思路，均是笔者执笔，文责自负。这些案例来自2010—2022年笔者或笔者团队咨询的家暴案例，收录时均对当事人的背景信息进行了处理，得到了当事人的同意。

据笔者所知，这至少是中国大陆地区第一本同时关注家庭暴力受害伴侣、受害儿童、加害人、目击者、重要他人的心理辅导书。每个章节中，既有辅导原则、辅导步骤，又有个体咨询的案例分析。相信这会是一本受心理咨询师、社会工作师、妇联与社区工作者及所有需要处理家庭暴力事务的专业人员欢迎的好书。

同时，家庭暴力的当事人，也可以将此书作为"自助读本"，学习如何自我帮助。它非常实用，可操作性也极强。

暴力破坏了我们的亲密关系，没有人想生活在暴力的阴影中，所以，我们需要有所行动！

使用这本书，让我们一起为自己喝彩！

助人者如何使用这本书帮助他人？

我们这里说的"助人者"，是指想帮助家暴当事人的心理咨询师、社会工作者、教师，等等。

1. 助人者要警惕自己以往关于家庭暴力的迷思

每个人都是所处社会文化的产物，我们的社会文化中存在很多关于家庭暴力的迷思，这使我们陷入一些误区，助人者也不例外。

在心理咨询界，便存在一些关于家庭暴力的迷思，如认为家庭暴力的原因是伴侣间的沟通、互动出了问题，处理家庭暴力的目标是维护家庭和谐，等等。我们很快就会知道，这些都是非常有害的错误认识。

助人者自己要有不断学习、成长的意识，在家暴辅导领域，就要从更正这些错误的价值观做起。幸好，本书非常系统地列举了这些迷思，所以，你只需要敞开心扉，认真阅读和学习本书即可。

2. 助人者要了解以往的咨询思路与家暴当事人心理辅导的异同

本书有的时候使用"辅导"，有的时候使用"咨询"一词，是在不同语境间的不同选择。需要说明的是,家庭暴力当事人的心理辅导,与专业的心理咨询,不是泾渭分明的,二者相似之处很多,但也有一些差别。在辅导过程中需要用到许多咨询技术,例如建立关系、倾听了解、归纳摘要、面质挑战、引导与顺应、提出问题、增进动机、引导改变,等等。

关于家庭暴力的心理辅导,也有许多不同的流派与思路。本书所遵循的,是目前主流国际社会推荐的女性主义心理咨询的理念和技术。众多的心理咨询流派,并不都是与女性主义心理咨询没有冲突的。如何理解和处理这些冲突,取决于每个咨询师个人的专业训练和价值观。但笔者想说的是,真正好的、专业的咨询,一定是彼此相通的。

家暴当事人心理辅导与咨询是不一样的,心理咨询解决一般心理问题,缓解困扰;心理辅导解决心理发展目标或具体问题。在家暴辅导人员的工作中,重点要放在促进当事人对家暴认知的提升,对所处暴力环境及其影响的正确认识,以及推动改变的发生。除非当事人真的有一般心理问题,辅导者或助人者要避免进入太深的内在心理动力历程而失去处理暴力的焦点。

笔者的观点是,对于家暴当事人,不轻易进行长期的心理咨询,慎重使用长期的治疗技术,因为当事人处于家暴的痛苦和磨难中,甚至有生命危险。所以,及时、快速、准确的干预非常重要。

家庭暴力当事人的心理辅导，需要在必要的时候扩大接触对象，比如辅导加害人的时候，需要与受害人建立联系，了解加害人的改变情况；辅导加害人的时候，可能需要引入公安、司法、妇联、社区等支持系统。家庭暴力当事人的心理辅导，还需要向来访者充分分享《反家庭暴力法》的相关规定，让其了解可以利用的社会资源，等等。

基于这些，家暴的辅导人员不一定是心理咨询师，可以是中小学教师、社会工作师、妇联和社区工作者，等等。

如果家暴当事人存在严重的心理问题，确实需要进行更深入的心理治疗，心理咨询或心理辅导人员又不具备心理治疗能力，可以给予合适的转介。

3. 助人者要灵活应用此书

这本书是一个起点，它为家暴领域的助人者提供了实操性非常强的指导。有人会说，这书使得家庭暴力当事人的心理辅导变得容易了。这有一定道理，但是，如果要做得好，就只能把本书当成起点，如果要走更长的路，需要用你们的爱心、勇气和智慧，去灵活地应用此书。

笔者提供了每类家暴当事人的"辅导步骤和要点"，同时在每个案例后面还提供了"辅导思路"。笔者相信咨询师一定会理解：这些步骤和要点，这些辅导思路，都仅仅是一种参考。我们在咨询工作中，面对的将是一个个具体生动的案例，一个个活生生的人。与人有关的事情，都不可以僵死地套入任何一个"模板"中。就像那些辅导步骤，有的案例可能并不需要某个步骤；有的案例中，步骤之间的次序是变化的，甚至是彼此融入的，无法清楚地区分开来的；而在另外一些案例中，我们可能会"创造"出一些新的步骤和要点……这些，都一定是根据你面对的来访者，以及他们处境的独特性展开的。心理咨询或者心理辅导，是一个心理助人者与来访者互动的过程，这个过程使得我们的工作充满变数，因此也更加迷人。

但是，我们提供的这个"模板"仍然是有价值的，它可以帮助你更好地领会和操练家暴当事人心理辅导中的核心内容。

阅读那些案例和"辅导思路"，可以视为一种演练。你甚至可以在看过案例之后，先自行提出一套"辅导思路"，然后再和我们提供的思路进行对照。我们提供的，并不一定就是最好的。没有完美的咨询，也没有完美的"辅导思路"，所有这些都需要我们在咨询实践中提升。

现在就开始阅读、使用这本书，它可以使你站在反对性别暴力的第一线，在帮助当事人的同时，改变社会观念！

家暴当事人如何使用这本书帮助自己？

这本书，不仅是写给助人者的，也是写给普通大众的。

每个人都可能是家庭暴力的受害者、施害者、目击者或者重要他人。

如果你认真地阅读这本书，它就可以成为你的"自助手册"。

普通人处理自身和家庭暴力有关的问题，最大的困难有两个：其一，对家暴存在很多误解和迷思；其二，不知道如何处理一些困境，包括处理暴力和自我成长。

第一个困难，可以通过认真阅读本书第一章、第二章得到解决。如果你不确定自己是否正处于家庭暴力中，那些关于家暴形式、特点、规律的定义，都能够像一面镜子一样，让你看清自己，以及自己所处的环境。第二章中的第一节、第二节，更有助于你对自己的情况有深入的理解。

第二个困难，你可以在阅读后面相对应的章节中解决。每类当事人的"辅导步骤和要点"，也可以成为你自我成长的步骤和致力于完善的要点。比如，你可以通过"亲密伴侣危险性预测量表"看自己面对的暴力强度；你可以在"澄清迷思"部分检讨和修正自己的迷思；你可以自己制订安全计划，可以自己规划未来的生活，可以自己给自己增能赋权……

给家暴当事人的每个章节中，均有许多案例。相信你一定可以看到和自己相似的案例。我们写给咨询师的那些"咨询建议"，你也可以将自己置身其中，想象有一位咨询师正在按那些建议引导你，而你可以跟随他的引导……

不会有一个案例和你的情况完全一致，这需要你发挥同理心，同时发挥整合能力。这个过程虽然可能很艰难，很需要用脑，但这个过程本身，就是你自我增能赋权的过程，它不仅使你充分理解自身所面对的家暴及其处置，更会使你在思考中得到成长、增加力量。

但是，正如最智慧的人有时也需要别人的引导，如果你在使用此书自助的过程中遇到没有解决的问题，陷入困境，则建议你及时向专业的心理咨询师、家庭暴力当事人辅导师求助。切记：一定要选择那些对家暴问题有正确认识的助人者求助，否则，可能陷入新的迷途。

现在就开始吧，认真地阅读这本书，这本你的"自助手册"！

第一章　家庭暴力原来是这么回事

自 2016 年 3 月《中华人民共和国反家庭暴力法》正式实施以来，整个社会对家庭暴力越来越重视了。

《反家庭暴力法》第二十二条也规定："必要时可以对加害人、受害人进行心理辅导。"

事实上，心理咨询师在工作中，一直会接触到家庭暴力当事人来访者。但是，中国绝大多数心理咨询师所接受的专业训练，通常并不包括家庭暴力的内容，很多咨询师将家庭暴力咨询等同于家庭纠纷、家庭矛盾的咨询。

因此，咨询师对家庭暴力的实质、特点、规律，有一个全面的认识，非常有助于帮助家庭暴力当事人来访者。

本章内容不仅提升咨询师对家暴的认知，还包含咨询师在接待来访者的时候，要向其介绍的内容，以提升其对自己所处暴力关系的认识。

第一节　几个你必须懂的关键词

家庭暴力属于性别暴力的一种。所以,我们需要先认识性别暴力,才能更好地理解家庭暴力。性别暴力的概念,又来自"针对妇女的暴力"这一概念。

在国际文书和媒体报道之中,经常能看到性别暴力、针对妇女的暴力以及家庭暴力等概念。虽然这几个概念经常被交替使用,但这几个概念的内涵和外延各有不同,不应混淆。

1. 针对妇女的暴力（Violence against Women）

1993年12月20日联合国大会第48届会议第85次全体会议通过《消除对妇女的暴力行为宣言》,首次明确提出了"针对妇女的暴力"的概念,将其界定为"对妇女造成或可能造成身心方面或性方面的伤害或痛苦的任何基于性别的暴力行为,包括威胁进行这类行为、强迫或任意剥夺自由,不论其发生在公共生活还是私人生活中"。

宣言还详细列举了一些"针对妇女的暴力"的形式,包括:

(1) 在家庭内发生的身心方面和性方面的暴力行为,包括殴打、家庭中对女童的性凌虐、因嫁妆引起的暴力行为、配偶强奸、阴蒂割除和其他有害于妇女的传统习俗、非配偶的暴力行为和与剥削有关的暴力行为；

（2）在社会上发生的身心方面和性方面的暴力行为，包括强奸、性凌虐，在工作场所、教育机构和其他场所的性骚扰和恫吓，贩卖妇女和强迫卖淫；

（3）国家所做或纵容发生的身心方面和性方面的暴力行为，无论其在何处发生。

针对妇女的暴力是对妇女人权的严重侵犯，是国际社会普遍关注的问题。针对妇女的暴力不限于家庭之中，但针对妇女的家庭暴力最为普遍和严重。

2. 基于性别的暴力（Gender-based Violence）

基于性别的暴力，是指基于不平等的性别观念和性别权力关系的暴力，这一概念深入审视了产生暴力的根本原因。

联合国经济及社会理事会（ECOSOC）2006年将基于性别的暴力定义为，基于社会定义的男性和女性的差异、违背一个人的意愿对其造成的任何伤害的行为。

基于性别的暴力（简称性别暴力）揭示了暴力的根源在于不平等的社会性别关系，性别暴力与传统的性别角色规范和性别权力关系密切相关。妇女、女童、男人和男孩都有可能成为性别暴力的受害人，但研究表明性别暴力的受害人大多数为妇女和女童，这是由于不平等的社会性别关系及其权力分配导致的。

性别暴力与传统的性别角色规范和性别权力关系有密切的关系。父权文化鼓励男性追求"阳刚""勇猛"，并允许和怂恿他们用暴力证明自己的地位和解决问题，与此相应，父权文化认为女性的价值低于男性，并应当服从男性的支配。这种文化实际默许男性对女性施暴，当一个大男子主义思想强烈的男性认为妻子或女友没有忠实履行女性的屈从义务时，他就"有权"对她施行暴力。

3. 家庭暴力（Domestic Violence）

家庭暴力属于性别暴力，是私领域的性别暴力。

家庭暴力应该被理解为：发生在家庭成员之间的造成身体、精神或性或财产上损害的行为。其中家庭成员指配偶、父母、子女以及其他家庭成员。具有特殊亲密关系的人或曾经有过配偶、同居关系的人，视为家庭成员。按《反家庭暴力法》的规定，针对保姆、月嫂等家庭中雇佣成员的暴力行为，同样是家庭暴力。

"伴侣暴力"被包括在家庭暴力当中，是家庭暴力的一种，指配偶、恋人、前配偶或前恋人之间的暴力。

家庭暴力的形式包括：肢体暴力、精神暴力、性暴力、经济控制、行为控制等。

有调查显示，家庭暴力的受害人90%左右为女性。也就是说，仍然有10%左右的男性是施暴女性的受害人。

4."零容忍"

"零容忍"是国际社会针对性别暴力的一种态度，最早于1992年由英国爱丁堡地方议会妇女委员会倡导发起。

零容忍运动的口号是"永远没有借口！"这意味着任何形式、任何程度的暴力都是不可接受的，都不应该被忍耐。

零容忍运动重视各种不同形式的针对妇女暴力之间的相互联系，注重针对社会公众开展持续的宣传和教育活动，挑战和暴力相关的社会习俗和成见，并主张积极预防暴力，为遭受暴力的妇女和儿童提供高水平的保护和服务。

如今，零容忍运动已扩展到英国各地及世界上的很多国家，中国已有许多地方创建了"零家庭暴力社区"，倡导对家暴的零容忍态度，并探索家庭暴力社区综合干预机制的创建。

5."白丝带"

"白丝带"是男性反对性别暴力，包括家庭暴力的倡导性符号。

"白丝带"运动1991年起源于加拿大，邀请男性宣誓"绝不实施对女性的暴力"，同时"绝不为这种暴力行为开脱和保持沉默"。

"白丝带"运动强调男性的参与,男性不再只扮演加害人或旁观者的角色,而是成为反对性别暴力的一分子。这一运动的组织、参与者相信大多数男性都是友好的,并且厌弃暴力行为。"白丝带"相信每个个体都有改变自己和倡导他人改变的能力。

目前,"白丝带"运动已经扩展到全世界60多个国家,中国是其中重要的力量。

从2001年起,中国便有学者和社会活动家推动"白丝带"运动,主要是进行一些宣传倡导活动。2010年11月,方刚成立了"'白丝带'反对性别暴力男性公益热线";2012年,时任联合国秘书长潘基文邀请中国"白丝带"运动领导人方刚成为其领导的"制止针对妇女暴力运动男性领导人网络"成员,方刚博士是目前该网络的唯一中国成员。

2013年方刚发起成立了"中国白丝带志愿者网络"项目,此后一直开展持续性的心理辅导、青少年教育、宣传倡导工作,到2022年年底,中国白丝带志愿者网络项目有4000多名志愿者,80多个城市服务站,20多个心理辅导站。

第二节 家庭暴力的实质、形式、特点、规律、危害

在探究性别暴力的原因时,人们尤其是加害人往往会找出许多具体的原因,例如加害人有压力、醉酒,或受害人"有错"等。但这些原因都是表面的,家庭暴力的真正根源在于不平等的社会性别关系,它深植于传统的社会性别制度中,而这也正是家庭暴力广泛存在并难以消除的原因所在。

家庭暴力反映出加害人和受害人之间的权力控制关系,加害人通过行使暴力向受害人宣示自己的权力,使受害人屈服,由此实现和维持对受害人的支配和控制。

1. 家庭暴力的实质

家庭暴力的实质是极端的权力和控制造成对家人人权的侵犯。人权是人固有、不可剥夺和削减的权利,不管暴力是发生在公共场合还是家庭内部,是发生在陌生人之间还是家庭成员之间,其侵犯人权的性质是不变的。

宣示人权就意味着强调人权的不可侵犯性,以及国家和社会对人权的保障义务。承认家庭暴力是对人权的侵犯,就意味着承认家

庭暴力是绝对不能被允许的,而且,对家庭暴力理应采取与对陌生人之间的暴力同等的防治力度。

很多人会关心一个问题:如何区分家庭暴力和一般的家庭纠纷?做这样的区分,就需要我们从家庭暴力的实质入手。

家庭暴力的实质和核心是控制,加害人往往抱着一种通过身体或经济胁迫来控制受害人的故意心理。一般夫妻纠纷则多为日常生活中产生的夫妻摩擦,表现为争吵、冷战甚至是轻微的暴力,比如肢体推搡。在一些轻微暴力中,可能存在因过失而造成严重后果的情形,比如一方的推搡行为导致对方骨折。

与家暴不同的是,夫妻纠纷通常是偶发性的,即使存在轻微暴力,也不存在使用暴力来控制另一方的主观故意心理,与家庭暴力有着本质区别。

2. 家庭暴力的形式

家庭暴力的形式包括肢体暴力、精神暴力、性暴力、经济控制、行为控制。

肢体暴力,加害人通过殴打或捆绑受害人,使受害人产生恐惧的行为。包括踢、打、推搡、掐脖子、捆绑、浇硫酸、杀害等肢体上的伤害。

精神暴力,包括言语上的侮辱、咒骂,也包括毁坏受害人心爱的物品，长期拒绝与受害人交流，不给治病、不肯离婚，虐待甚至杀死受害人的宠物等给受害人造成精神伤害的行为。这些做法使受害人产生屈辱、恐惧、无价值感。特别要提一下的是，加害人扇自己耳光、自己用头向墙上撞，也是为了"震慑"受害人，让受害人感到恐惧而顺从他，所以，也属于对受害人的精神暴力。

性暴力，主要指强迫受害人发生性关系、强迫受害人与他人发生性关系、强迫受害人以其感到屈辱、恐惧、抵触的方式接受性行为，残害受害人性器官，或者出于控制的目的拒绝与受害人发生性关系，以及其他形式的涉及性的伤害。

经济控制，加害人通过对夫妻共同财产和家庭收支状况的严格控制，摧毁受害人自尊心、自信心或自我价值感，以达到控制受害人的目的。通常表现为控制受害人的经济支出和支出方式，剥夺受害人支配自己经济收入和财产使用的权利。但笔者认为，如果为了阻止一方从事赌博、吸毒等违法活动而限制受害人的财产使用权，则不属于经济控制。

行为控制，指剥夺受害人的自由行动权，包括限制居住、限制社交等。也有学者将行为控制归入肢体暴力或精神控制当中。

3. 家庭暴力的特点

普遍性：家庭暴力广泛存在于所有的地区、国家、文化、种族、阶级、阶层中，在同一个国家中，无论是在城市和乡村，无论教育程度和社会地位高低，从事何种职业，都可能发生家庭暴力。

隐蔽性：家庭暴力发生在家庭成员之间和家庭空间内部，外界往往不容易察觉，而受害人往往因各种原因而不愿暴露。"打是疼、骂是爱""家丑不可外扬""清官难断家务事"等传统观念和干预支持系统的不力，导致人们漠视家庭暴力问题，并使受害人难以寻求救助，更进一步加深了家庭暴力的隐蔽性。

城市的家庭暴力可能比农村更隐蔽，教育程度和社会地位越高，不等于家庭暴力现象就少，而可能越隐蔽。

习得性：施暴并非天生本能，而是男性在社会化的过程中学会的控制他人并维持权力的行为方式，不平等的社会性别制度潜在地教化和允许男人使用暴力对待自己的伴侣，对已发生的暴力的纵容更进一步助长暴力的倾向。

4. 家庭暴力的特殊规律

反复持续：家庭暴力往往不是一次性的，加害人一般不会主动停止暴力，一旦暴力发生而又没有得到有效的干预，那么它就非常可能再次上演，并越来越严重。

周期循环：在配偶或伴侣之间，家庭暴力往往以周期性循环的方式持续和加重。

首先，经过关系紧张和矛盾积累的过程，家庭暴力由具体事件引发，此时，加害人使用暴力控制情境，给受害人造成身心或性的伤害。

当情境得到控制后，加害人可能感到后悔，并通过检讨、道歉、写保证书、送礼物等口头承诺或实际行动请求原谅。此时，受害人一般会原谅加害人，并反思自己的"过错"，双方言归于好，甚至找回"蜜月"般的感觉。

但是，随着时间的推移，矛盾再次出现，关系逐渐紧张，暴力将再次爆发，并进入下一个循环：愤怒积蓄—暴力发生—道歉原谅—和好平静，而周期的间隔会逐渐缩短，程度也会越来越严重。

高度容忍：很多受害人对家庭暴力表现出很强的容忍力，他们会一次次地忍受暴力，原谅加害人，不愿离开对方，在警察面前替对方求情使其免于处罚等，这都是家庭暴力受害人区别于其他暴力受害者的表现。究其原因，除了受害者仍对加害人有感情或幻想之外，大多数女性受害者普遍面临不利的社会处境，包括经济地位的脆弱、对离婚妇女的偏见、子女照顾的沉重负担等，这些都导致受害者没有足够的勇气和能力摆脱暴力。

习得性无助：习得性无助是指受害人因长期受暴而导致的无助状态。在无数次受暴之后，受害人"认识"到自己无力阻止伴侣的暴力，而且没有人能帮助自己，甚至认为一切都是自己的错。在这种心理状态下，受害者变得越来越被动，越来越压抑，自我能动力越来越低下，也就越来越难以摆脱暴力。

但是，这并不表示受害人就心甘情愿地生活在暴力之下，当她（他）们实在忍无可忍时，可能会采取激烈的行动，自伤、自杀甚至企图杀死加害人，以他们自己的方式终止暴力，即"以暴制暴"。

5. 家庭暴力的危害

家庭暴力最明显和直接的危害是使受害人身体受伤、致残甚至死亡。

家庭暴力还会对受害人的精神健康造成伤害，许多受害人产生心理困扰，包括情绪不稳、焦虑、抑郁、无助、恐惧等，并产生畏缩、自我孤立、人际交往及生活工作障碍等一系列行为反应，生活工作受到影响，严重者可能自杀。

家庭暴力是离婚的重要原因之一。

家庭暴力会严重影响下一代的健康成长，儿童目睹父母间的暴力会产生自卑、消极、孤僻、冷漠、暴躁、残忍、焦虑、沮丧、自残等一系列的行为和感情问题，并容易形成易激怒的性格或表现出攻击性行为。儿童期处于高度暴力环境的人，长大后较容易成为加害人或受害人。

加害人自身也受到暴力的危害。暴力会导致亲人对加害人的疏离和怨恨，他们有可能因此失去家庭、伴侣和孩子，并可能因受害人的反抗而面临生命危险。

家庭暴力的危害远不限于个人和家庭范围。暴力和暴力威胁导致妇女社会和政治参与度下降，影响妇女的整体发展。

因暴力而产生的各类救助和惩戒需求增加了社会成本。

研究证明，家庭暴力会导致用人单位的经济损失。

暴力加重了人类的苦难，暴力代代相传所带来的政治和社会不稳定是所有人付出的共同代价。

第三节　这些常见的错误认识你有吗？

家庭暴力不是个人私事，而是社会公害。

家庭暴力是侵犯人权的行为，是不能被允许的。

不平等的社会性别权力制度是家庭暴力的根源，这决定了绝大多数家庭暴力是男性对女性的暴力。

暴力没有理由，加害人要对自己的行为负责。

指责受害人是对他们的二次伤害。

消除暴力需要每个人的积极行动。

……

但是，在我们的社会，在认识家庭暴力方面仍然存在一些误区。

有关家庭暴力的认识误区是很危险的，这不仅会助长社会对暴力的容忍，而且，可能使许多受害人轻视或否定他们自己正在经历的暴力，这会妨碍他们承认自己正处于危险和暴力性情境，而可能失去极重要的求助机会。

迷思的存在，也会使加害人将暴力合理化，从而更加猖狂地使用暴力。

"中国法学会反家暴网络"曾整理发布了一些极普遍的认识误区，"中国白丝带志愿者网络"项目在这个基础上进行了修订。

误区一：所有夫妻都会经历家庭暴力，它只是家庭中临时的小吵小闹。

确实，几乎所有的伴侣关系中都有些许分歧。在一段健康的伴侣关系中偶尔的口头分歧也是基于尊重、信任、支持和互爱。而在暴力关系中，暴力的分量超过分歧，并且彼此的基本权力和支配关系失衡。伴侣暴力包含连续或周期性身体的、性的、情感的、财产的虐待，它的实质是控制。任何这样的虐待在健康的伴侣关系中都不会发生。伴侣的虐待是有害的和危险的。

误区二：家庭暴力是个人隐私。

家庭暴力虽然发生在私人领域，但它不是个人隐私，而是人权问题、社会问题、发展问题。我们理应尊重和保护隐私，但家庭暴力是对人权的侵犯，已不属于隐私范畴。在法律上和实践中以隐私为借口而拒绝介入家庭暴力的做法，纵容了暴力，加重了对受害人的伤害。

误区三：家庭暴力主要发生在落后地区和没文化的人身上。

人们之所以有这种印象，是因为经济条件和文化程度会影响当事人应对家庭暴力的方法和能力，使家庭暴力的暴露程度有所不同。

经济问题会导致家庭、家庭关系、关系中的个人处于紧张状态，但家暴并非贫穷家庭特有的问题，具有较高社会和经济地位者可能出于"没面子"或者"家丑"的顾虑而使得暴力问题更不易被发现。

家庭暴力跨越所有边界：经济、社会、民族、文化、宗教和职业。事实上，所有人群中都可能发生家庭暴力，富裕和受教育良好的人也可能是加害人或受害人。是否会发生家庭暴力，并不取决于当事人的社会身份，而取决于他们对性别角色及关系的认识，周围环境对家庭暴力的态度，以及法律对家庭暴力的惩戒力度。

误区四：大多数受害人自己也有过错。

"谴责受害人"是对受害人的极大不公。许多受害人经过长时间的被虐待后开始把暴力合理化，这包含了受害人认为自己是对暴力有责任的。此外，如果受害人不断被告诉是自己激起了加害人的暴力行为，社会舆论会接受这个借口，假如加害人对自己的行为可以不用承担责任，那么受害人可能会认同这种莫须有的责备。通常，实际上受虐待的一方却付出了巨大的努力来安抚加害人。加害人使用他们的恶习作为一种释放紧张和采取控制手段的方式，这是不理性的行为。

加害人用来指责受害人的"过错"，往往是以不平等的性别规范和男性标准界定的，例如不顺从、争执、没有服侍好伴侣和家人、自主外出娱乐交往，等等。这些根本就不是"过错"，更不能成为施暴的理由。退一步说,即使一个人真的有错,也仍然拥有完整的人权,任何人都无权用暴力对他人进行惩戒。

我们应该建立清晰的是非标准,即暴力就是错,暴力没有理由,杜绝从受害人身上去寻找暴力原因、为暴力开脱的思维。

误区五:加害人是因为"有病""失控"才打人。

在谈到加害人失去理性地殴打伴侣时,很多人会说,他可能有精神疾病或心理障碍,"他无法控制自己""他的压力太大"等。

精神病人打人,和家暴加害人的打人,是完全不同的。精神病人打人是不需要借口的,家暴加害人打人会把责任推卸给受害人;与精神病人打人不同,加害人打人目的在于控制。

家暴加害人对自己的行为是有控制能力和选择理性的,他们不会在公共场所对别人施暴,更不敢向给他压力的客户或上司施暴,而只是向比他们更弱、难以反抗的人发泄。由此可见,酗酒、"有病"、"有压力"等都是施暴的借口。

误区六:受害人不愿离开暴力关系,说明这是一个愿打一个愿挨。

受害人不离开暴力关系有很多理由。不离开并不意味着他们不想离开,或受害人喜欢受暴,而是因为离开可能带来更大的困难和风险，而不离开是受害人的现实选择。

许多加害人威胁受害人，如果离开就会对他们或他们的家人施加更大的暴力。有调查显示，受害人提出离开加害人之后，他们更可能被加害人打死。有许多受害人曾多次尝试离开，但是，很少有人在没有外界支持的情况下做到这一点，如果他们的人身安全没有保障，或者没有基本的生存和发展条件，或者不能为社会所容的话，他们就不得不放弃。

有的受害人缺少家庭暴力的常识，对加害人还抱有幻想。

不体察受害人是如何孤立无援，而简单地责备他们没有志气是不公平的，这种责备会打击受害人的自信，导致他们更深地陷于暴力境地。

误区七：受害人是没用的弱者。

人们往往对暂时不愿意或不能与加害人分手的受害人感到失望，恨铁不成钢，甚至不愿再提供帮助。

其实，很多受害人在与加害人的长期相处中掌握了生存和自我保护的独特策略，他们比其他人更清楚怎样做才对自己和家人最有利。他们一方面承担着对家人特别是子女的责任，另一方面努力与加害人协商、周旋和抗争，其坚韧顽强理应获得敬重。

受害人有权做出他们自己的决定，而助人者有义务尊重他们的选择。助人者必须看到受害人的主体性和能动性，谨防代替受害人做决定；对在寻求外界帮助过程中态度反复的受害人，应该始终如一地给予热情帮助，鼓励他们运用自己的能力寻找更好的、适合自身需要的解决方式。

误区八：受害者遭遇的事情不可能会那么恶劣，否则他们早离开了。

为什么一位家暴受害人还和加害人在一起有许许多多的原因，离开一个加害人实际的阻力是很大的。

误区九：加害人咎由自取，不值得同情。

加害人既是家庭暴力的加害者，在一定意义上也可能是家庭暴力的受害人。干预家庭暴力时，首先要保障受害人的人权和尊严，同时也应该注意依法行事，避免伤害加害人的人权。

我们应该认识到，加害人也有他们自己的困惑和痛苦，他们对亲密关系的错误看法、不良情绪和暴力行为，是文化塑造的结果，其个人应该为暴力承担责任，但同时他们也需要帮助。没有人结婚是为了找一个人在身边打起来方便，他们走入婚姻通常也是抱着对幸福生活的渴望。但是，暴力破坏了他们渴望的幸福生活，从这层意义上，他们也是受害者。

在对加害人的辅导与矫治中,应该引导他们反思自己与受害人的权力关系,促使他们自发地改变观念和行为,而不是简单地要求他们自我压抑。

误区十:干预家庭暴力最重要的目标和原则是维护家庭和谐。

干预家暴的目的应该是保障受害人的人权不再受到侵犯,制止暴力,而不是为了所谓家庭和谐。如果以"维护家庭和谐"为出发点,通常会寻找双方责任,讨论互动、沟通技术,这可能使受害人受到二次伤害,更无助于阻止暴力。

离婚和分手是所有人都不愿看到的事情,我们总是祝福所有的家庭都能始终稳定幸福,因此,即使发生了家庭暴力,很多人仍然寄希望于夫妻双方相互谅解、言归于好。

但是,我们要明白,人首先是独立的个体,其次才是某个家庭关系中的角色,人都有不受暴力侵犯的权利,家庭关系不能成为暴力不受干预的挡箭牌。干预者的责任就是制止暴力、保障人权,至于家庭是否还要维系,如何维系,这只能是当事人的自主选择,其他人不能把自己的愿望强加到当事人身上,更不能以维护家庭和谐为由回避干预的责任。

现实生活中,以维护家庭和谐为由,强求受害人忍耐原谅的情况并不少见,一些典型案例已经证明这种行为的实质是对暴力的姑息,最终可能给家庭带来更大的不幸。

有些人会以"影响孩子"为由而劝阻受害人离婚,其实,充满暴力的家庭环境可能会对儿童造成更大的伤害。无论如何,不能消除暴力的家庭,即使仍然维系,也不可能是和谐的,暴力无特区,平等才和谐。

误区十一:丈夫打妻子不对,但父母打孩子可以理解。

我们一定要清楚:暴力不是"管教",许多父母以"管教"的名义施暴;暴力不会解决问题,只会制造新的问题。

随着社会对伴侣暴力关注程度的提高,人们对伴侣暴力甚至恋爱关系中的暴力相对比较敏感,大多数人也反对这样的家庭暴力。但是,父母对子女的暴力仍被很多人认为是正常的、可以理解的,对针对儿童的家庭暴力的实质、危害性,社会的认识还比较模糊,也严重缺乏相应的干预措施。

对儿童的暴力是对儿童权利的侵犯,对儿童的暴力也可能是基于性别的暴力,女孩受暴往往与男孩偏好、性别歧视有关;男孩受暴则常常与"望子成龙""不打不成才"等支配性男性气质的养成有关。

暴力不但严重影响儿童的健康成长,还会造成暴力的代际传承,儿童期处于高度暴力环境的人,长大后较容易成为施暴人或受害人。我们要旗帜鲜明地反对所有的暴力，包括家庭中对儿童的暴力。

误区十二：女性对男性施暴的情况很少，所以不需要关注男性受害人。

首先要明确：女性对男性施暴的比例较低，而且，暴力的严重与危险程度通常也较低。

但是，这并不是不关注男性受害人的理由。

男性受害人和女性受害人一样，处于身心创伤中，他们的人权也受到了侵犯。男性受害人可能更羞于求助，男性实际受暴的真实数字很可能被掩盖了。我们致力于反对的是家庭暴力，而非仅是一个性别针对另一个性别的家庭暴力。

第二章　当事人心理辅导总体要求

第一节　家庭暴力，还是其他暴力？

并非所有家庭成员之间的暴力都是家庭暴力。如果是一般的家庭纠纷引发的普通型暴力，咨询师可以用处理家庭矛盾、家庭纠纷的思路进行辅导，如帮助双方学习沟通技术、情绪控制的技术，等等。

而如果是家庭暴力，则要用我们本书介绍的辅导思路。

所以，咨询师接到暴力个案咨询时，要做好暴力性质的判断，这非常重要。

长期从事反家暴工作的法学家陈敏，从法律的角度把家庭成员以及家庭成员以外共同生活的人之间发生的暴力分为控制型暴力、抵抗型暴力（也称反应型暴力）、普通型暴力和病理型暴力。这种区分，心理咨询工作者同样可以参考。

1. 控制型暴力

控制型暴力的根源是传统文化赋予男性的夫权和父权思想。加害人在受害人拒绝接受控制或者受害人与加害人意见不合时，有规律地使用身体暴力确立自己的控制地位。

恐吓是比殴打更有效的控制手段，特别是当暴力恐吓殃及受害人亲友时。比如，一位丈夫长期对妻子殴打辱骂和性虐待。稍有不从便侮辱谩骂、刀棍相加，威胁杀死她娘家人。

控制型暴力行为人绝大多数是男性。孤立地看，施暴人对受害人单次的殴打、恐吓等行为的后果似乎都不严重，但是，如果将双方的互动方式作为一个整体来看，便可以发现施暴人表现出明显的以女性和未成年人为对象、以控制为目的的行为模式，即控制型暴力的指向主要是婚姻家庭关系中的女性和未成年人，因此施暴人的人身危险性较高。

2. 抵抗型暴力

抵抗型暴力是受害人对控制型暴力做出的反应，因此也叫反应型暴力。抵抗型暴力行为可能是受害人对施暴人进行以牙还牙的报复行为。抵抗型暴力也可能是行为人为自我保护而实施。比如，在一起刑事案件中，丈夫无业，喜欢酗酒和赌博，长期对妻子施暴。妻子不堪忍受，几次想离婚，丈夫坚决不同意。只要妻子提出离婚，丈夫就施暴，以示警戒。案发当日，丈夫半夜酒后回家，再次谩骂妻子，妻子"顶嘴"，丈夫开始施暴，并威胁要将她打死。想到丈夫说要打她就打她，在这方面从来是说到做到，妻子越想越害怕，于是趁丈夫熟睡时用锐器攻击他后逃离。次日，丈夫被发现死亡。

在家庭暴力关系中，抵抗型暴力行为人以女性居多，暴力行为不以控制他人为目的，没有特定的行为模式，暴力仅指向殴打和恐吓她的施暴人，因此人身危险性较低。发生在家庭成员和共同生活的人之间的暴力行为，只有控制型暴力行为是反家庭暴力法定义的家庭暴力。抵抗型暴力不存在过当的问题，行为人不负刑事责任。

3. 普通型暴力

普通型暴力也称偶发型暴力。普通型暴力行为人施暴的目的，与确立自己的控制地位无关。

暴力通常是行为人在情绪非常激动的情况下发生的。一般情况下，普通型暴力行为造成的伤害后果轻微。比如，一位发现自己把文件忘在家里的妻子，趁午休时间回家取文件时，意外地撞见不堪的一幕：丈夫和女秘书在卧室的床上。愤怒中，她狠狠地打了丈夫一个耳光。

普通型暴力行为人也是男性居多。若普通型暴力在特定情况下再次发生，则可能转化为控制型暴力。普通型暴力没有造成严重伤害后果的，行为人均不应该负刑事责任。

4. 病理型暴力

病理型暴力行为人包括大脑器质性病变的患者和精神障碍患者两类。这两类人的暴力行为没有特定目的，暴力指向不固定，行为人有男性也有女性。大脑器质性病变的患者会在语言、肢体协调方面出现障碍，而精神障碍患者会有被害幻想。

病理型暴力行为人患病前并无暴力倾向，他们只是在患病后才变得暴力（陈敏，2016）。

综上所述，控制型暴力才是《反家庭暴力法》定义的家庭暴力。针对控制型暴力相关来访案例，咨询师可运用本书提供的咨询思路。抵抗型暴力，"加害人"应该视为家庭暴力当事人中的受害人，同样适用本书受害人咨询辅导的思路。

普通型暴力，不属于《反家庭暴力法》定义的家庭暴力，可以用处理家庭纠纷、家庭矛盾的咨询技术。而病理型暴力的当事人，应该接受精神科医生的治疗。

第二节　家庭暴力当事人，怎么判定？

家庭暴力的当事人有哪些？

本书使用"家庭暴力当事人"这一概念，指涉及家庭暴力的所有当事人。

加害人：家庭暴力的施暴一方。

受害人：家庭暴力的受暴一方。

原生家庭受害孩子：指未成年时在原生家庭中目睹或承受暴力的人。

重要他人：指上述三种人的亲属、朋友、同事、老师等关心他们家暴处境的人。

四类当事人的心理辅导，有不同的辅导目标、辅导要点和辅导流程，我们将在后面的章节中逐一分析。

家庭暴力当事人的心理辅导工作，首先要判断出来访者属于哪一种人。然后便可以开展工作了。

如果一个来访者曾经是原生家庭的受害孩子，现在是伴侣关系中的受害人或加害人，我们要看他此时来咨询的目的，主要是为了解决原生家庭的创伤，还是要解决现在关系中的问题。我们可以依据他的咨询目的，将其视为某一类当事人，然后应用那一类当事人的辅导目标、辅导要点、辅导流程进行辅导。当然，四种当事人的辅导过程中，有许多内容是重合的，比如，我们在为一个伴侣关系中的加害人做辅导的时候，也要处理原生家庭暴力带给他的创伤；四类当事人的辅导中，都要涉及对家庭暴力的本质、特点、规律的认知。

要特别说明的是，如果一位辅导师对家庭暴力缺少非常清楚的认知，可能会在区分加害人和受害人的时候陷入困境。

如何区分加害人和受害人？

有人会说：加害人、受害人，这不是一目了然的吗？

实际情况并不如此。

相信许多心理咨询师，一定听到过类似的说法："我老婆絮絮叨叨，整天和我大吼大叫，对我施加精神暴力。""女人的唠叨，真让男人受不了呀。"

这是一种非常流行的说法。但专业人士，可不能轻易地上当。我们要问这个"受害人"："您太太针对什么事情和您唠叨呀？她唠叨多久了？"等等。

深究下去，辅导师很可能发现：其实，只是男人一直拒绝听到他太太的声音，对她的诉求采取了忽视的态度，而她为了让丈夫听到自己的声音，不得已一次次说，一次次加大声音说，而这时，男人可能忽然说："你对我唠叨，对我吼叫，是对我的精神暴力。"可问题是，丈夫对妻子的声音和诉求的忽视，是不是对她的精神暴力呢？

所以，加害人、受害人，有时真的没有那么容易判断。辅导师在了解情况的时候，必须进入具体的情境中，甚至复原那个暴力的过程，才能够清楚、准确地做出判断。

我们再来看一个案例：

> 一对夫妻结婚多年，二人常为家庭琐事发生矛盾，丈夫经常对妻子施暴，妻子也就以暴力回击。一天，二人又因家庭琐事发生口角，两人在互相推搡的过程中，妻子被丈夫推倒，导致妻子头部撞击墙面，造成她后脑软组织伤。妻子拿起餐桌上的玻璃茶杯砸向丈夫面部，玻璃碎片划伤了丈夫的左脸。丈夫愤怒地将妻子推倒在地，又骑在她身上扇耳光。之后妻子报警求助，二人对互殴的事实供认不讳。

我的问题是：这是家暴还是一般的家庭纠纷？如果是家暴，谁是加害人、谁是受害人?

在互殴型家庭暴力中,如何甄别加害人和受害人是案件的关键。需要从动手顺序、实施暴力的动机、暴力类型、双方伤情及庭审互动情况出发,并通过细节方面综合判定。

此个案中,表面看来,双方互打了,不能算一方对另一方的家暴。但是,专业人士要从这样几个方面进行分析:

1. 是否存在一方试图对另一方进行控制的情况?我们说过,家庭暴力的实质是一方对另一方的控制。

2. 两人关系中,谁最初发起暴力?谁更多地发起暴力?也就是说,我们关心的不只是当前这次暴力中谁先动手,我们关注的是谁最早、谁更多地先动手。

3. 在暴力关系中,谁受的伤害更大?

基于这样的分析视角,此案是家庭暴力,丈夫是加害人。

为什么呢?

第一,对两人关系的深入了解,或者说"情景还原",让我们看到两人的冲突起源,多是因为丈夫不满意妻子每月给娘家花钱。丈夫不想让妻子给娘家花钱,由骂她,到动手打她。这就符合了家暴的本质:控制。丈夫想控制妻子支配自己收入的权利,这已经属于家庭暴力中的经济控制。

第二,两人结婚后,是丈夫先动手打妻子。这样的暴力发生一年后，妻子开始还手。妻子这时的还手，应该视为"反应型暴力"。也就是说，受害人对加害人的加害行为进行抵抗，所以又叫"抵抗型暴力"，有点像正当防卫。我们不能要求受害人是"完美的受害人"，静静地待在那里等着受暴。

第三，具体到这次暴力中，即使妻子先动手，她也是受害人，为什么呢？因为妻子长期受暴，当丈夫又因为同类的问题，要进行同样的控制，发生了同样的冲突，按以往的事件进展，丈夫必然又要施暴了。这时，她先以反应型暴力阻止暴力，应该视为一种抵抗。

说到这里，也就不难理解美国一个非常著名的家暴案。妻子和丈夫离婚了，离婚后的丈夫每次喝完酒，都会回来打前妻。有一天，丈夫拿着空酒瓶醉醺醺地回来了，一进门，妻子就给了他一枪，把他打死了。法院的判决是：妻子无罪，正当防卫。

这里需要注意的是：反应型暴力，没有"抵抗过度""反应过度"之说。

第四，夫妻虽然是互相殴打，但从体能和身高等身体状况来看，丈夫占据明显优势。另外，将双方的伤害情形和严重程度进行对比，妻子后脑构成软组织伤，面部多处瘀青，丈夫除脸部被划伤外，并无其他明显伤痕，妻子的受伤程度更为严重。

所以，综上四点，在这起家庭暴力纠纷中，丈夫是家庭暴力关系中的加害人，妻子是受害人。

第三节　家暴当事人辅导的目标和形式

家暴当事人心理辅导的目标

1. 提供情感宣泄的机会，咨询师以共情的专业态度倾听来访者的诉说，其诉说本身就是梳理思路的过程，有助于来访者对自己的问题产生新的认识。

2. 帮助来访者发展建设性的问题解决策略。咨询师最重要的工作是帮助来访者提升应对问题的能力，而并非简单地告诉他们应该怎么做。涉及侵犯人权、违法犯罪的情况，咨询师应该清楚地表明反对的立场。

3. 促进来访者自我成长，发展出个人应对问题的能力。

家暴当事人心理辅导的形式

家庭暴力当事人的咨询，也可以分为个体咨询和团体咨询。在个体咨询方面，既有面对面的咨询，也可以有网络咨询或热线咨询。

团体心理辅导，在家庭暴力当事人的咨询中占有非常重要的地位。

首先，家庭暴力受害人的心理咨询，始于二十世纪六七十年代美国的一些家庭暴力受害妇女团体。在团体的互动过程中，慢慢发展出了针对家暴受害妇女的心理辅导思路和辅导技术。也就是说，家暴当事人的心理辅导，从一开始就是团体心理辅导的形式。

其次，当前，西方许多国家的家暴当事人心理辅导也较多以团体辅导的形式进行。无论是原生家庭未成年受害孩子的辅导，还是家暴加害人的辅导，都更多见于团体。在中国，妇女团体针对家暴受害妇女的辅导，同样多是团体形式。2014年、2016年中国白丝带咨询师网络项目在中国首先举办了两期"原生家庭承受暴力者团体辅导小组"，也是团体形式。2019年，方刚、田斌带领了中国《反家庭暴力法》颁布之后的第一个家暴加害人小组，同样是团体形式。

最后，团体心理辅导在处理家暴当事人心理辅导的过程中具有很多优势。比如，在团体中，受害人可以互相支持，加害人可以互相挑战，带领者可以成为小组成员的榜样，等等。

但是，团体辅导也具有明显的缺憾。家暴当事人小组的组成比较困难，需要找到足够多的人愿意加入这个小组。假设一个来访者来咨询，如果要等到咨询师组成一个小组，可能就耽误了辅导时间。其中，加害人小组的举办就更为困难了，以方刚、田斌在2019年带领的加害人小组为例，整整筹备了四年，才勉强凑到8名组员。愿意主动求助的加害人少，愿意在小组中面对许多人的加害人，就更少了。

在许多西方国家，举办家暴加害人小组辅导是有法律支持的，警察接到家暴报警，会要求加害人必须参加团体小组。监狱中，家暴加害人同样被强制要求参加小组。我国目前尚没有这样的法律。

正是因为团体小组比较难办成，所以，我国目前针对家庭暴力当事人的心理辅导，更多是个体的辅导。

本书主要讨论个体辅导，也会适当介绍团体辅导方案。

因为家庭暴力具有隐蔽性的特点，所以热线咨询或网络咨询，在家庭暴力当事人咨询中，也扮演非常重要的作用。人们通常会认为，热线咨询和网络咨询的效果是有限的，但是，随着新冠疫情带来的生活方式的改变，热线咨询和网络咨询正扮演着越来越重要的角色。

由于热线咨询的空间和时间局限性，因此，热线咨询中，咨询师应以建立关系和情绪疏导为主，我们并不能期待一个电话就能解决所有问题。

成立于2010年的"白丝带热线"专门从事包括家庭暴力在内的性别暴力当事人的心理咨询，我们平均每年会接到600通左右的来电，反响很好。热线创办伊始，便定位于：通过建立良好的咨询关系，运用基本的辅导方法和技术，帮助来访者澄清问题，挖掘和利用资源，以建设性的方式解决问题，有效满足其需要并促进其成长。

这个定位所要求的工作，有的时候需要多次咨询才能够实现。但是，来访者是否真的成长，还有很大的个体差别性。

同热线咨询相比，通过面对面的咨询，或者网络视频咨询，咨询师与来访者可以相互"看见"，效果会好很多。

面对面咨询与热线咨询的定位也是一样的，最终是促进来访者的成长。针对家暴当事人的心理辅导集中于处理家庭暴力及相关的问题，如果来访者有其他心理问题，则应用相应的咨询技术，不在本书的讨论范畴。

第四节　家暴辅导人员，这样才够格

家庭暴力当事人的心理辅导，与普通的心理咨询有一样的地方，也有不同的地方。比如长期面对暴力、接触加害人，都对咨询师的心理素质有更高的要求。

辅导人员应具备的品质

发展这些品质的目的在于让需要帮助的家暴当事人更容易接近你或被你接近。记住，这些来访者需要很多的鼓励。作为一个家暴当事人的辅导师，你需要有创造力、友好、关心人、乐观且具有适应力，你应当具有以下这些品质。

1. 消除偏见，注意反身：在你开始成为家暴当事人咨询师之前，你需要花一些时间了解你自己和你自己的偏见。每个人都有偏见和成见，你必须先学会处理这些偏见，避免它们对来访者可能的伤害。作为一个反家暴的工作者，你将面临令许多人反感和憎恶的暴力。家暴当事人的咨询师要经常反思自己的价值观，觉察帮助过程中这些个人观念对来访者可能造成的影响。

2. 温和： 这意味着家暴当事人的咨询师需要待人和蔼、友好。当然，这并不影响在实际的咨询中，有时需要挑战来访者，以便更好地帮助他们。

3. 值得信任： 咨询师应当遵守诺言。咨询师对待来访者和工作的态度足以影响来访者的信赖感，也足以影响来访者对行为的反思和自觉。

4. 耐心： 来咨询的家暴受害人可能在身体和情绪上的要求很高。你需要有耐心，知道与他们相互交流的每一小步。你应该是一个耐心的倾听者，倾听他们的言语。

5. 承担义务： 你应当致力于来访者的幸福。你要不断努力帮助支持每一个在你照顾下的来访者。

6. 积极态度： 积极态度是人生中很好的优势。一个积极的态度将帮助你以最好的方式应对来访者的问题与需求。

7. 共情作用： 如果没有这个品质，一个从事家暴当事人辅导工作的咨询师将不能理解另外一个人的问题、经历、想法与感受，也不能提供给来访者需要的支持与理解。

8. 尊重： 咨询师必须一直表现出对来访者与他们幸福的尊重。

9. 好学： 咨询师应该尽可能多读书、多自学，成为性别暴力领域的专业人士，以促进咨询能力的提升。一定要清楚：考取心理咨询师证书所接触到的常规的知识中，很少涉及家庭暴力当事人的咨询辅导，甚至有些涉及的知识还是错误的。所以，要不断深入地学习。咨询的时候，你可能发现自己无法处理的问题，发现自己的知识与能力不够，这就需要你及时地学习。一个好的咨询师必须在不断学习中。

处理自己的负面情绪

家暴当事人的咨询师要清楚：家暴当事人的咨询，可能会比其他问题的咨询，带给你更多的负面情绪。咨询工作并不一定永远是令人振奋的，你要学会应对各种负面情绪的影响，才能一直保持对咨询工作的热情。

你听到的故事，可能让你感到不舒服，挑战了你的价值观，但是，你仍然需要以平和的态度对待来访者，这对你可能同样是一个挑战。你需要敏感地注意并且处理这些情绪。

而且，家暴当事人的改变并不容易，特别是加害人的改变更是困难。你的咨询可能失败，来访者对你表达了不满；让你感到这是一个"受累不讨好"的工作，你可能会觉得你没有真正发挥作用，你也可能觉得很失败。你必须接受来访者可能并不认同你，也必须接受你的行为可能不会立即造成改变。但是，要相信你做的每一点确实会发挥作用。

以下是一些好的方法来避免无力感、倦怠等负面情绪：

- 跟督导或其他咨询师，总之是你信赖的人谈论你的感受。
- 整理并及时疏解自己的负面情绪；隔离情绪对工作时间可能造成的影响。
- 反思自己做的好的地方和感到不确定的地方。
- 与其他人讨论如何以不同的方式处理。
- 良好的休息，在工作状态保持精神振奋。
- 如果没有人可以交谈，先试着写下你的想法。

第五节　家庭暴力当事人心理辅导的原则与程序

家庭暴力当事人辅导的原则

从事家庭暴力当事人的心理辅导，需要辅导人员遵循以下原则：

1. "零容忍"。始终维护"对暴力零容忍"的原则。

2. 接纳。助人之处最重要的是要让来访者感到被重视与被接纳，若未能做到这一点，将注定会因困难重重甚至无法使来访者受益而结束。咨询师应该从来访者角度表达同感、共情，启发其谈感受，包括加害人施暴时的感受。即使对于加害人，咨询师也应放诸具体情境下，对其表达共情和理解，不以谴责的态度对待来访者个人，同时，适时表达反对暴力的立场。要以最温情，但是最坚决的语言，表达这一态度。

3. 个别化。咨询师以个体化视角为主，关注来访者本身。咨询师充分面对和理解每个来访者的独特性，努力收集来访者的相关信息；在咨询中做到个案化，即具体个案具体处理。

4. 不批判态度。咨询师不去评判来访者的对错，但自己要有判断力，内心对其行为进行分析与评估。

5. 听比说更重要。咨询师和来访者交流时要使用对方听得懂的语言，减少概念性的文字表述，切忌"贴标签"，特别要注意面对加害人时，也要避免"贴标签"。

6. 爱与尊重。相信每个人的心里都有爱的种子，都渴望改变。尊重每一个来访者，促成他们的正向成长。

7. 来访者自决。我们工作的目标是使来访者的社会功能得以增强，生活品质得到改善，进而推进全人类的赋权与解放以增进其福祉。我们的工作是协助其成长，提升其成长能力，而不是惩罚。因此，咨询师不应替代来访者做决定。

8. 社会支持网络。咨询师也应该指导来访者发展个人的社会支持网络，学会客观地知觉并利用社会支持系统，特别是发展合理利用专业化社会服务机构的意识。

9. 鼓励探索。咨询师应帮助来访者探索情感、使之懂得观察，以利其在生命中做出积极正向改变。

10. 伦理。咨询师应该特别注意伦理问题，例如隐私、保密和防止二次伤害等原则。

辅导的程序

这里分享的，是家庭暴力当事人心理辅导中一些共同的、初步的程序。在后面的章节中,我们将针对每一种当事人,具体介绍不同的咨询程序,那将是更有的放矢的咨询程序。

第一步:建立咨访关系

与来访者建立安全、信任、温暖和尊重的气氛。咨询师需要尽快与来访者建立关系,并对来访者表示无条件关注。

咨询师首先要赞赏、表扬来访者来咨询的行为,以及改变的愿望。但是要注意:表扬、评价和赞同或许在初期是合适的,但是也应该保持适度。如果表扬并不符合来访者的感受,他们可能会否定、愤怒或者怀疑。

建立关系的方法还包括:无条件地积极关注;共情式理解;真诚;信心。

即使对于加害人,也要共情式地理解,但不是理解他们的暴力,而是理解他们的情绪。

所谓信心,包括两点:我们对自己的助人能力有信心;我们对来访者解决自身问题的能力有信心。而后者,更为重要。

咨询师与家暴来访者建立的关系,必须是一种专业的、建设性的人际关系,这要求咨询师放下对家庭暴力的个人态度。

这个过程中也可以对来访者抚慰情绪,帮助来访者释放负面情绪,体验正面情绪。咨询师需要帮助来访者整合情绪,聚焦问题核心。

第二步：接收信息

此阶段主要是接受家暴当事人提供的信息，了解情况，寻找症结。在这个过程中，还要为来访者提供宣泄情绪的机会。

咨询师需先扮演积极的、耐心的倾听者，以了解来访者的真正想法和现实处境。倾听便是接收信息的过程，咨询师要保证自己接收到的信息的准确和客观。

咨询师要反思性地聆听，对于不确定的信息，要反复检证。

家暴当事人咨询，需要收集如下信息：

- 加害人及受害人双方年龄、教育程度、职业类型；
- 暴力类型（谁对谁，是肢体暴力、精神暴力、经济控制还是性暴力等），暴力的强度及受害程度；
- 第一次及其他几次重要暴力发生的详细背景、方式、过程；面对长期暴力关系的来访者，笔者通常要询问第一次、最近一次、暴力等级最高的一次的情况；
- 暴力发生时的情况，多久了，频繁度；
- 加害人家庭背景（父母是否有暴力）；
- 家庭暴力另一方对暴力的观点（通过来访者间接了解）；
- 暴力各方采取的行动，如报警（警方处理方式），向亲友求助等，结果如何；
- 暴力各方改变的意愿、动机，已经为改变做出的努力；

- 目前的处境；
- 此次来访希望得到的帮助。

需要特别说明的是，在收集信息的过程中，咨询师也对来访者的情况进行了初步判断。如果来访者已经有某种严重的心理问题，甚至精神病症状，超出了家庭暴力当事人咨询的范畴，而咨询师认为自己确实无法处理的，可以在充分倾听，并征得来访者同意后，建议转介给其他认为合适的咨询师。有自杀倾向的来访者，及时转介给自杀危机干预的专业人士。

第三步：澄清迷思

所有家暴当事人的辅导，都需要完成澄清迷思这一步。

这主要是向家暴当事人介绍家庭暴力的本质、特点、规律等，还可以介绍《反家庭暴力法》的相关规定。这个过程让当事人充分认识自己的处境，绝大多数的家暴当事人并不了解家暴意味着什么。只有清楚了处境，才能更好面对。

这部分，主要参考本书第一章的内容。

第四步：现状分析

在澄清迷思的基础上，咨询师同来访者进行现状分析，澄清问题，确定要努力的目标。

咨询师要推动来访者对现状进行认识和判断，不要自己妄做假设，不要急于得出结论，更不要过度分析，不要对超出信息内容的部分进行猜测，要警惕这种先入为主的态度。

现状分析的内容，可以包括对暴力等级的认识、个人在暴力关系中危险程度的认识、当事人是否做好了安全计划、当事人是否有终止暴力的强烈愿望、当事人是否还想维持伴侣关系、当事人的社会支持网络、当事人的最大诉求及满足的可能性，等等。

现状分析的目的，是协助当事人确定下一步的目标。

第五步：增加来访者自身的力量、发展积极的应对策略

咨询师推动来访者发展出有效的自助方式，助其成为有效的问题解决者。

咨询师与来访者充分分享法律的规定。

帮助来访者具备利用外在资源并寻求社会支持的基本意识。家暴当事人咨询师，应该掌握一些相关社会资源的获取方式，方便必要的时候提供给来访者。比如当地妇联、律师、公益组织等。

咨询师给来访者一些必要的引导性建议，与来访者讨论这些建议，最终尊重来访者的选择。

与来访者合作找出可以达到的目标。尽量不要用你自己的想法来给来访者压力,要让来访者感觉他具有控制权,让他想最终确定你们一起想出的解决方案。

挖掘来访者以往成功的经验,使来访者认识到自己可以改变命运,树立信心,开始行动。重新规划生活,树立目标,为之开始努力。

第六步:结束咨询

此阶段的目的是强化前面咨询中形成的共识,使来访者具备建设性解决问题的信心、动机和计划。

咨询师可以总结咨询全过程;鼓励来访者把建设性计划付诸行动;提醒来访者在解决问题时要有耐心;再次肯定来访者的积极面;关怀、友善和温和地对待来访者,鼓励他在需要的时候再次来咨询。

总之,从事家庭暴力当事人的心理辅导,是勇敢的、令人钦佩的,但其中也充满着重重困难。

这困难可能来自客观现实,也可能来自我们本身。因此,战胜困难的过程也就是改变社会、超越自己的过程。只要开始了思考,希望则无处不在。

带给辅导对象憧憬更好生活的勇气,对于向你寻求帮助的人来说人生正处于谷底，而你是通向光明的隧道。你不可能拽着他们到达最终的光明，但你能为他们带路。这并非说你比他们更优秀，人人都是平等的，只是你拥有能与他们分享的礼物：事实、希望、认可，还有友善的聆听。

第三章　受害伴侣的心理辅导

本章"受害伴侣"所指的"伴侣",既包括处于亲密关系中的伴侣,如恋人、夫妻;也包括离异的前伴侣,如分手的情侣、离异的夫妻。"伴侣",包括同性恋伴侣和异性恋伴侣。

在婚伴侣间的暴力,最被关注,公众话语中谈论得最多。现实中,分手之后,一些加害人的暴力等级会迅速上升,甚至杀害前伴侣以泄愤。

恋爱关系中的暴力更为隐蔽,难以被发现,受害人也多心存幻想,难以从暴力环境中解脱。相对于夫妻暴力而言,恋爱关系中的暴力较少涉及子女、财产和亲属关系等复杂问题,这是处理时的优势;但是,恋人间的暴力因为二人没有正式进入婚姻,可能更难以得到家人的支援、社会的支持。

受伴侣暴力的同性恋者,因为社会广泛存在的"恐同"文化,他们实际上生活在"双重柜子"当中,既面对身为同性恋的压力,又面对身为受暴者的处境,他们的维权更为困难。

第一节　受害人的辅导准则

家庭暴力受害人，不一定是受害伴侣，也包括了受害的孩子。本章主要讨论伴侣一方受害人的辅导。而这里列举的辅导准则、辅导步骤、辅导思路，对于所有家暴受害人都具有重要的意义。

辅导准则

1. 以受害人的合法权利、人身安全为出发点。

2. 不再隐忍，对暴力零容忍——为受害人赋权、增能，对明显失衡并且不公正的性别权力，进行解构和调整。

3. 深度的关怀——同理心、接纳对方的现状、尊重不同受害人的个体差异，接纳受害人的选择，等等。

4. 不谴责受害人。警惕谴责受害人的倾向，不要带给他们二次伤害。特别是一些受传统心理学影响很深的咨询师，更要小心这一点。

5. 挑战"价值中立"，主张为弱者增权、赋能，使他们能控制自己的生活。

6. 受害人有权决定自己采取什么样的应对策略，咨询师只需要提供选项，帮助其分析每个选项的利弊即可。

7. 整合资源，将社会环境的诸多因素纳入辅导当中，力求为受害人提供多方位的支持。

正确的支持与错误的"支持"

在辅导过程中，咨询师应该给家庭暴力受害人以足够的支持。但是，什么才是真正的支持呢？哪些是错误的"支持"？

正确的支持

1. 给予情感的支持

- 听受害人说了什么；
- 听出受害人的感受；
- 不要评判；
- 确保安全性和展露一种接受的态度；
- 值得依赖；
- 保密；
- 使用积极聆听技巧。

2. 提供信息的支持

- 关于性别暴力和来访者的选择；

- 关于暴力关系和来访者的选择；
- 为什么遭遇家庭暴力绝不是受害人的错。

3. 目标阐释的支持
- 帮助来访者规划/建构生活；
- 帮助来访者获得成就感；
- 帮助来访者从讨论攻击或虐待转向讨论现在能做什么。

4. 协助来访者解决问题
- 解决来访者的问题：安全、医疗，也可能是金钱、住房问题等；
- 咨询师仅同来访者讨论选择，谨防替代其选择。

5. 提供支持时，咨询师理解自己的有限背景和角色模型的影响
- 知道自己的局限；
- 认识到自己的偏见；
- 对自己的感受做出反应；
- 不要过分拓展自己；
- 反思自己。

错误的"支持"

1. 成为来访者的朋友
- 不要期待与来访者形成一种互惠关系；

- 不要把建立良好的咨访关系等同于建立友情。

2. 成为"治疗专家"

- 不要以任何方式支配受害人的生活；
- 不要试着使用长期的治疗技术，因为许多家暴的受害人可能等不到那个时候；
- 家暴的辅导人员不一定是心理治疗师，如果受害人需要进行更深入的心理治疗，辅导人员可以给予合适的转介。

3. 成为拯救者

- 不要试图认为自己能从糟糕境况中拯救受害人；
- 要与来访者商讨建议，而不要盲目遵从那些既定的或者规定的计划；
- 辅导者要清楚：受害人知道什么对自己是最好的。

第二节　辅导步骤与要点

以下是家庭暴力中受害人，特别是伴侣受害人辅导的主要内容。这并不是说每个来访者的问题应该在一次面谈中得到解决。咨询师应该对每个来访者都有耐心，听他们慢慢地展开自己的故事，推进交流，并尽可能确保来访者感觉轻松。这些阶段仅仅是辅导关系进展中的框架，咨询师可以在辅导过程中灵活应用。

第一步：建立亲切关系

来访的受害人对你的期待通常是：聆听他们的故事；信任他们；帮助他们认知自身的感受。所以，请做到：

1. 友好、易接受的问候

- 如："谢谢您信任我们"，或者"您来求助就是改变的第一步，这很好"。
- 肯定地回应来访者，不要评判一个受害人；
- 咨询师应当是一个倾听者，倾听中不要有指向性的责备；
- 让受害人知道如果没有他们的同意或许可，你不会向任何人讨论他们的隐私，以保证他们的安全；

- 让受害人知道，你不会主动联系他们，也不会谈论任何他们不想谈论的话题。

2. 识别和应对来访者的感受

- "我听到你说的是……"
- "我理解你刚才说的是……"
- "它有可能是……吗？"
- "你有感觉有那么些……吗？"
- "如果我说错了请纠正我，但是……，……听起来合理吗？"
- "……这是你的意思吗？"
- "……是你的感受吗？"
- "我想这就是我听你说到的……"
- "让我看看我是否理解了……"
- "那听起来真令人沮丧。"
- "你似乎很乱，你一方面想……而你另一方面又想……我不确定是否我理解正确，你的意思是……吗？"

3. 还要做到：

- 通过你的用词和语调来表达关心和关注；
- 先建立一个信任和安慰的坚实基础，再花时间慢慢展开问题；

- 问开放性的问题，如："你现在的感觉如何？在受攻击时，你感觉如何？"
- 允许你的来访者谈论任何想谈的："有时间慢慢来。我们可以谈任何你想谈的。"
- 适时推进对话的展开："你愿意谈谈发生了什么事吗？"
- 语言语调通俗、亲切，敏锐地聆听；
- 接纳对方现在的状况与表达方式，可简单地重复对方的话，让对方感受到咨询师的同理心；
- 咨询师切莫"以上示下"地"教导"受害人——哪怕我们并不认同受害人的价值观，也要充分尊重其人格，换位思考，尊重其自主选择。

特别提示：建立亲切关系的过程中，咨询师要面对不同类型的受害人（参看本章第三节），咨询师要发展出不同的策略。

第二步：澄清和定义

在这部分，咨询师要和来访者探索其遇到的家庭暴力问题的性质，这时要澄清来访者的迷思，普及家庭暴力的知识，包括实质、特点、规律、对受害人的伤害，等等。

咨询师应该注意做到：

- 鼓励来访者具体和个性化地描述；
- 专注于来访者对发生的事情的感受；
- 弄清来访者之前为获得帮助做出过哪些努力；
- 解释来访者给出的答案并反馈；
- 帮助来访者更准确、真实地认识家暴，如它的本质是控制，它具有持续性、反复性、循环性的特点；
- 不要质疑来访者感受的真实性，而是要接受它们。

要向受害人明确：受暴力，绝不是受害人的过错。"无论你有什么错，他人对你动用暴力，都是严重的错误——没有任何可以被容忍的'正当'借口。"

咨询师不要问"他为什么打你"之类的话，特别是一开始的时候。但在后面讨论安全阶段可以询问这个问题，这是为了了解加害方的借口，要十分小心不要让来访者认为你在指责其本人的过错，所以笔者建议的一种问话方式是："他说他为什么打你？""他对你施暴的借口是什么？"

如果气氛和时机许可，询问来访者孩子的情况，和来访者分享家庭暴力对孩子的伤害。咨询师可以这样问话：

- "您孩子的情况如何？"
- "您的孩子也受到暴力了吗？"

- "您采取了哪些改变孩子处境的措施?"

下面是一个受害人需要从提供帮助的人那里听到的话:

- "这不是你的错。你不要责怪自己。"
- "我很担心你和你孩子的安全。"
- "这是个复杂的问题,有时理解它是需要时间的。"
- "理解问题真相时你并不孤单。会有许多的选择,我将支持你的选择。"
- "我很高兴你告诉我,您愿意了解家庭暴力,这样我们就可以一起工作,来让你尽可能的安全健康。"
- "如果不采取行动,情况只会变得更糟。"
- "你应该得到比这更好的对待/生活,任何事情都不该成为家庭暴力的理由。"

第三步:对受害人及其情况进行评估

此阶段最重要的是:结合"亲密伴侣暴力危险性预测量表"(附后)进行评估。不需要逐一问量表中的问题,而应该在谈话中自然地涉及。需要说明的是,这个量表的编写者之一李洪涛教授后来又更新过量表,本书使用量表的这个版本,仅因为笔者认为它更容易操作。专业工作者可以找来更新后的量表,对照使用。

- 在建立相互信任的关系后，把评估量表的主要内容和评判标准，融入交谈中，从而及时对其遭受暴力的危险性进行判断。

- 把量表的评估结果，委婉地告诉对方——对于明显的高危信号，更要及时主动地向对方提示，让对方对其危险性产生充分的警觉，建议对方及时离开暴力关系。

- 既要充分利用量表，又要避免迷信量表——尤其是，不要轻易给对方"贴标签"。

长期受害人普遍存在的情况：习得性无助、受害妇女综合征、斯德哥尔摩综合征。咨询师应该对此有认识和保持清醒判断，但是，"受害妇女综合征"之类的词汇，一般不要轻易向对方说出来，以避免给对方"贴标签"，甚至由此加重对方的无助感、自卑感，但可以用大白话委婉地道出，让对方对自身的负面内在因素有所警惕。

除了"亲密伴侣暴力危险性预测量表"之外，还有一些需评估的内容：

- 评估家暴的方式和家暴史：

评估加害人在身体上、性方面、心理以及经济上对受害人的强迫。

"暴力已经进行多久了？"

"在性生活中，你的伴侣有强迫或伤害你吗？"

"你的伴侣伤害过别人吗？"

"你的伴侣是否控制你的活动、金钱，或者小孩？"

- 评估家庭暴力和受害人的健康问题之间的联系：

评估家暴对受害人的身体、心理和精神健康的影响；加害人对受害人的控制到什么程度。

"是否有过其他事故，造成人身伤害或身体内部方面的问题？"

"虐待行为如何影响您目前的健康？"

- 评估当前受害人获得辩护和支持资源的途径：

这名受害人有可用的社区资源吗？在过去，受害人试用过它们吗？如果是这样，发生了什么？什么样的资源现在还可用呢？

- 评估受害人的安全：

受害人处在即时的危险中吗？现在加害人在哪里？

是否有未来因家庭暴力死亡或遭受重大伤害/损伤的（致命性的）风险？询问加害人的加害手段：是否使用武器，暴力升级的频率和严重程度，是否劫持或跟踪人质，是否以杀人或自杀相威胁，是否使用酒精或药物以及过去虐待的健康后果。如果有孩子，关注孩子的身体安全。

受害人来访的时候可能情绪激动，辅导人员在充分共情、了解情况之后，要询问受害人目前的处境，排除需要危机干预的情况，同时，帮助受害人梳理他身边可以获得的支持系统：家人、朋友、最安全的地方。

亲密伴侣暴力危险性预测量表（DA-R）

麻超、李洪涛、苏英、毋媒、洪炜

【询问受害人帮填或由受害人填写】

受害人姓名_____ 加害人姓名_____ 双方关系_____ 填写日期_____

协助填写单位_____ 填写人_____ 联系电话_____

受害人签名_____

伴侣相处会有许多冲突发生。我们想了解您和您的伴侣相处过程中是否有下列的情形发生，请按照您的实际情况回答下列所有问题（下面各题的"他"是指您的伴侣，可以用来表示您丈夫、前夫或同居男友）。

请就以下每题在右边"是"或"否"的框内打钩（√）	是	否
1. 他曾威胁要杀您	□	□
2. 您相信他能杀您	□	□
3. 他控制您大部分的生活	□	□
4. 他曾说，我若不能拥有您，其他人也不能	□	□
5. 他曾威胁要自杀，或尝试要自杀	□	□
6. 他有没有对您说过"要离婚或分手就一起死"或"要死一起死"	□	□
7. 他曾威胁您，要伤害您娘家的人，以阻止您离开他	□	□
8. 您是否认为在未来的两个月内他一定会对你进行身体上的伤害	□	□
9. 在您与他的关系变得不好后，他是否曾经监视您（如查您手机、电脑或跟踪）？	□	□
以下 2 项为特别提示题，不计入总分		
1. 曾有使您不能呼吸的行为（如勒脖子、压头入水、用枕头闷或开瓦斯等）	□	□
2. 曾有除了使您不能呼吸外的其他明显的致命行为（如推下楼、灌毒药、泼硫酸、泼汽油，或利器刺入致命部位）	□	□

计分：回答"是"计1分，回答"否"计0分。
总分：____：□低危（3分及以下），□中危（4~5分），□高危致命危险（6分及以上）
特别提醒：不计入总分的两项为特别提示题，若特别提示题中任何一题答"是"，无论总分多少，均纳入"高危致命危险"。

第四步：探索供选方案

咨询师陪伴来访者探索目前处境中的供选方案，也就是如何应对暴力的方案。这可以视为赋权的继续。除非是受害人处于高危的家暴当中，不要仓促地提出建议。只有在来访者表达了自己的观点之后，才提出你的想法。

受害人往往是评判加害人给他们带来危险的最好人选。咨询师可以帮助受折磨的受害人评价加害人对他们的风险。受害人必须做出自己的选择，即使你不同意其决定也要表示支持，咨询师对自己想拯救受害人的想法要有自制力。不要强迫来访者采取任何他不认同的行动，尊重、理解、接纳当事人的选择。

供选方案和资源的探索，可以通过这样的对话来开始：

"你认为你需要什么信息？"

"你有想过要做什么吗？你考虑过哪些主意？"

"你觉得报警怎么样？获得医疗照顾呢？你希望有人陪你去警察局/医院吗？"

……

咨询师应让来访者控制计划，权衡每个解决方案的利弊，执行你提出的任何解决方案。

让受害人了解，加害是违法的，家暴不是"没人管"而是

"有人管"，如公检法、妇联等；告诉对方有很多可以求助的地方和方式："如果你要……，我可以帮你……"

鼓励受害人在遭受家暴后，及时收集证据——例如被打伤后的诊断、报警后的伤痕鉴定、被撕毁的衣服、对方曾写过的保证书等——这些证据可以放在可靠的朋友家。

如果当事人决定留在那段关系中，最好是让其明白你对其安全的担忧，并讨论可以确保人身安全的方法。

第五步：协助拟定安全计划

无论受害人是否决定留在一段暴力关系中，都需要制订**安全计划**。

安全计划是帮助受害人的一系列在暴力事件中保护自己、减轻受到严重伤害风险的方法。

处于暴力关系中的受害人需要一个个性化的、考虑到各种可利用资源的安全计划。制订安全计划的过程可以使受害人更加了解暴力问题和他们可利用的资源，从而帮助他们作决定。当受害人发现自己处在直接的危险中，或者必须离开家以保护自己的安全时，应该遵照安全计划。

安全计划对于受害人是有必要且重要的一步。计划在受害人与加害人在一起或这段关系结束时都可能会被用到。仍然处于暴力关系中时，安全计划对于受害人是至关重要的。

需要注意的是：评估风险、制订安全计划可以帮助一个受害人，但是安全计划不是让他们不受伤害的保证。

1. 制订安全计划之前，要做如下评估：
   - 暴力、危险或攻击的残暴程度有升级吗？
   - 家里有刀、斧头，或其他可能成为凶器的物品吗？
   - 加害人是否酗酒、吸毒？
   - 加害人是在醉酒或极其兴奋状态中攻击你吗？
   - 加害人会威胁或试图杀死你吗？
   - 加害人施行性暴力吗？
   - 加害人密切注意你、监控你的去向、跟踪你吗？
   - 加害人猜疑、嫉妒或偏执吗？
   - 加害人有抑郁或自杀倾向吗？
   - 最近加害人经历了亲人死亡或其他巨大损失吗？
   - 加害人有殴打他人或者触犯法律的历史记录吗？
   - 加害人曾作为一个孩子被殴打，或者他见证了他的家人被打吗？
   - 你还与加害人生活在一起吗？

2. 暴力关系中的安全计划
   - 把家中的刀和其他任何可能被作为凶器的东西藏起来，

除非隐藏这些潜在的凶器会进一步威胁你的安全；如果这不可能做到，尝试让它们不容易被拿到。

- 想想你的家里的构造，确认哪些地方容易逃走，哪里没有潜在凶器。尝试在吵架时向这些地方移动。
- 避免去厨房一样的地方，那里有刀和其他潜在的凶器，也不要去卫生间，那里到处坚硬，并且常常没有第二个出口。
- 尝试准备一个在任何时间都可以打电话联系到的联络人。
- 与朋友和家人创建暗号以传达你需要帮助的信息。
- 如果你觉得暴力事件快要发生，相信你的判断：哪些时候最好离开，哪些时候适合抚慰加害人。
- 如果你有汽车的话，养成让你的车容易进入车道的习惯。车要保持有油。保持驾驶门不上锁而其他的门全部锁上。准备车的备用钥匙，并且藏一把在车里。
- 如果你无法离开：尝试到你家里的安全区域；蜷曲你的身体成球状，让身体变得更小，用手护住你的脑袋和脸。
- 每个月根据情况的变化，复核一遍安全计划。

3. 如何准备离开暴力关系

受到身体、言语、性、情感或经济上的虐待的受害人，如果可以制订一个计划，使得其个人内心健康且安全，那么就初步具备了逃离加害人的能力。

在决定离开加害人时，要做好准备：

- 明白正在离开一段虐待关系的时候你是最危险的。
- 试图留出一些钱，开始自己存款或拥有自己的活期存款账户。
- 将重要的电话号码手写在本子上。
- 准备一个已经收拾好的包，把它藏在家里，或者朋友、家人家中或者工作的地方。包里装着必须带走的物品与文件，如出生证与结婚证、身份证与社保卡、钥匙、护照、保护令、离婚协议书、监护令、钞票（银行票据）和信用卡、药品，等等。
- 与当地的家庭暴力援助机构交流，了解他们可以提供的帮助。在紧急情况下，首先拨打"110"。
- 意识到移动电话可能具备GPS跟踪功能。如果可能，在你离开时，最好买一个新手机、更换号码，并且扔掉你原本的手机。
- 如果你不得已经常迁徙、居所不定，要熟悉并能准确说出你住所的具体地址，身上至少要有足够在外生活3天左右的钱。

4. 受害人离开加害人之后的安全计划

- 讨论安全措施：如换门窗锁、安装防盗系统、安装烟雾探测器和灭火器。

- 如果你有保护令，要随身携带着复印件。自己的工作地、车里、家里都保留一份复印件。加害人违反保护令时，务必联系警察。

- 让朋友、邻居和同事知道你的情况，思考他们如何能帮助你。

- 设法带着手机，并且设置拨打"110"的快捷程序（快捷键）。

- 改变你常规的出行习惯，不要惯于去你与施虐者还在一起时去的商店或做你与施虐者曾时常一起做的事。

- 如果你搬家了，需要考虑你所在地的庇护计划，讨论临时的避难所或其他的保护措施。

- 教孩子如何使用手机，与学校和幼儿园沟通好，只把孩子交给指定人员。

- 如果孩子的交接是必需的，安排一个安全、中立的地方进行交接。

- 如果加害人来到你家，你没有必要开门让他进来。把门锁了，并通知警察。

第六步：赋权

为受害人赋权，用社会性别理念分析其处境，对父权制和性别刻板印象的颠覆与批判，让受害人意识到家暴的实质是权力控制，意识到自己拥有与他人平等的权利。

家暴受害人的辅导中，女性主义心理咨询是一种非常有效的工具，它将对受害人的赋权作为治疗的主要目标，赋权于女性，促进女性个体内在心理的变化与社会变革。女性主义咨询师强调"个人的就是政治的"，来访者个人经历的家暴背后，是不平等的社会性别权利关系，从而帮助个体认识到社会政治和经济对其心理造成的压力，意识到被社会建构的性别期待所造成的痛苦和不适，同时引导个体发现自身的资源和能力，消除因为长期处于暴力环境所带来的低自尊和无价值感，获得重建生活的信心。

促进来访者实现赋权，咨询师要做到的是：

- 帮助来访者了解应该是加害人对暴力负责。
- 引导来访者了解自己的权利，思考可用的资源，如来访者有没有钱，有没有任何朋友和亲人可以帮助来访者？来访者有工作吗？
- 提高受害人的法律意识，鼓励其在需要的时候，把法律条文用足。

- 让来访者找到自己内在的力量和勇气,帮助受害人挖掘资源,提高自信心。
- 如果条件许可,介绍不同的受害人相识,彼此分享经验,相互支持。
- 帮助来访者确认自己有能力活在没有暴力的生活中,并追求自己的目标;也要让来访者了解:改变会有一个过程,但咨询师会耐心陪伴,使其提升自信和能力。
- 挖掘来访者过去的成功经验,对其进行提炼、提升和加强——哪怕是有所夸大的强化,往往也是必要的。让受害人相信自己有能力改变现状,告诉受害人:"你可以改变你的人生。"
- 协助来访者建立自尊并自主赋权。

在赋权的过程中,咨询师要关注个体差异,针对不同的受害人,探讨路径也不应是单一、刻板的,切忌"一套万能话语,应对各种情况"。

对于男性受害人的咨询辅导中,还要考虑加入独特性的分析。许多男性受害人面临更难以启齿的问题,他们担心没有人相信男性也会受害;还有一些男性受害人面对暴力行为不敢自我保护,害怕被误认为加害人;另外一些男性觉得受害人的身份挑战了他们的男性尊严。

男性被女性加害,应该谴责女性的暴力行为是错误的,不能够谴责男性"缺少男性气质""不像男人"。事实上,传统的支配性男性气质最容易引发暴力,是我们反对的。男性受害,不是男性的羞耻,受害人是不应该受谴责的。

咨询师可以向他们介绍男性受害人并不罕见,司法部门、公众社会也都了解男性受害人的存在,只要收集足够证据,是会被信任的;《反家庭暴力法》也同样维护男性受害人的权益。

受害人的司法权利

赋权的过程中,要充分向受害人介绍他可以利用的法律资源。

1. 求助与报警

遭遇家庭暴力后,受害人可以拨打"110"报警求助。

按照公安部门的相关规定,家庭暴力已明确属于"110"报警范围,若遇拒绝出警或拖延,受害人有权向上级公安部门投诉。

对于正在发生的家庭暴力,公安机关、司法机关、社区自治组织等均有义务予以制止。

《反家庭暴力法》第十三条规定:"家庭暴力受害人及其法定代理人、近亲属可以向加害人或者受害人所在单位、居民委员会、村民委员会、妇女联合会等单位投诉、反映或者求助。有关单位接到家庭暴力投诉、反映或者求助后,应当给予帮助、处理。家庭暴力受害人及其法定代理人、近亲属也可以向公安机关报案或者依法向人民法院起诉。单位、个人发现正在发生的家庭暴力行为,有权及时劝阻。"

第十四条规定:"学校、幼儿园、医疗机构、居民委员会、村民委员会、社会工作服务机构、救助管理机构、福利机构及其工作人员在工作中发现无民事行为能力人、限制民事行为能力人遭受或者疑似遭受家庭暴力的,应当及时向公安机关报案。公安机关应当对报案人的信息予以保密。"

公安机关工作人员接警到现场后,家庭暴力受害人有权要求其做好接出警记录。按《反家庭暴力法》第十六条的规定,"家庭暴力情节较轻,依法不给予治安管理处罚的,由公安机关对加害人给予批评教育或者出具告诫书。告诫书应当包括加害人的身份信息、家庭暴力的事实陈述、禁止加害人实施家庭暴力等内容"。

无论是警察、检察官,还是法官、律师和其他工作人员,在处理家庭暴力案件时,均应采用适当的语言和行动,避免暴力受害人受到二次伤害;均应尊重受害人的隐私,未经明确同意,不得将受害人的姓名、住址、工作单位以及其他能导致其被认出的信息公开。

2. 及时就医、司法鉴定及庇护

受害人报警后，可以要求接警的公安机关协助自己就医、鉴定伤情。

受害人到医院就诊时，有权要求医院进行及时救治，并做好诊疗记录，保全相关证据。《反家庭暴力法》第七条规定："医疗机构应当做好家庭暴力受害人的诊疗记录。"

公安机关受理家庭暴力案件后，受害人有权要求对自己所遭受的伤害做出司法鉴定。如果受害人经济困难，符合法律援助条件，有权要求司法鉴定机构减收或免收司法鉴定费用。

《反家庭暴力法》第十五条规定："无民事行为能力人、限制民事行为能力人因家庭暴力身体受到严重伤害、面临人身安全威胁或者处于无人照料等危险状态的，公安机关应当通知并协助民政部门将其安置到临时庇护场所、救助管理机构或者福利机构。"

3. 申请保护令及获得法律援助

受害人同样可以向法院申请保护令，以使加害人不能靠近自己，无法加害。保护令最长期为6个月。保护令对于加害人具有很强的震慑作用。

很多省、自治区和直辖市规定，因家庭暴力引起的民事诉讼属于法律援助的受理范围，在这些地方，符合当地经济困难标准的家庭暴力受害人有权获得法律援助。

4. 要求获得保护或/和处罚加害人

遭遇家庭暴力后,受害人有权要求对加害人给予相应的处罚,包括治安处罚和刑事处罚。

按照法律规定,家庭暴力受害人提出请求后,公安机关对违反《中华人民共和国治安管理处罚法》的加害人,将依据该法进行处罚。《中华人民共和国治安管理处罚法》第四十三条规定,殴打他人的,或者故意伤害他人身体的,处五日以上十日以下拘留,并处二百元以上五百元以下罚款;情节较轻的,处五日以下拘留或者五百元以下罚款。对家庭暴力受害人提出告诉的虐待案件,人民法院应该予以受理,并对加害人处以相应的刑事处罚。

5. 起诉离婚

家庭暴力是应准予离婚的法定情形之一,暴力受害人提起离婚诉讼的,法院应准许离婚。

在离婚诉讼中,无论受害人是原告还是被告,都有权因家庭暴力而获得离婚损害赔偿,赔偿不仅包括物质损失、治疗费用,也包括精神损害赔偿。

家庭暴力的离婚诉讼中,孩子的抚养权原则上给予受害人。

第七步：制订人生规划

在充分赋权的基础上，咨询师协助来访者制订一个行动计划。这个计划不是针对如何面对暴力的，因为在第四步"探索供选方案"的时候已经讨论过这个问题了。这个计划是关于来访者更远大的生活的。

来访者不应该停留在受害人的角色上，而应该面向未来，规划自己新的生活。

在制订行动计划之后，咨询师鼓励来访者，相信"命运在自己手中"。咨询师还可以和来访者分析可能遇到的困难，以及应对措施，鼓励来访者大胆追求。

第三节　不同类型的受害人

任何形式的创伤和打击，尤其是紧随着的暴力行为，都会以不同的方式影响人们。一些受害人可能会笑、开玩笑，一些人可能会变得非常具有敌意。每个人都有自己的反应和应对风格，你会在咨询过程中遇到许多不同类型。下面列出了一些主要的类型来帮助你适应。请注意，这些都不是一成不变的，大多数受害人不能被直接归入某一类。这些分类是为了在你的咨询中帮助你，而非限制你。

1. 有自杀倾向的受害人

- 面临自杀危机，你必须对当事人的生活进行积极直接的干预。
- 应注意仍然保持沉着、自信、有耐心。
- 询问当事人为什么联系你，通常这样做可以直达麻烦问题的核心，鉴别一些能防止自杀的资源。直接询问关于自杀的问题不会让自杀的念头再次出现在来访者脑海中。
- 自杀计划越是详细，方法越可操作，未来其他的计划越少，自杀风险越大。

咨询师要避免以下情况：

- 忽略自杀性的暗示。自杀性暗示意味着当事人正在试着让你注意、意识到他们的感觉。
- 试图解决当事人的所有问题。
- 为具体问题提供错误的希望。
- 做出你无法遵守的诺言，告诉他们什么事都会变好。这非但没有用，而且还会让来访者认为你不够理解其痛苦处境。
- 拒绝、最小化、不理会当事人的想法、感情。
- 表现得被当事人的情况压倒，这可能只会加强当事人的无助感。

咨询师要做的是：

- 坦率询问自杀意图，积极表达处理此话题的愿望。
- 认真倾听来访者，并通过解释其话语使来访者确信你理解其忧虑和痛苦。
- 鼓励当事人讲述他们痛苦、生气、无助的感觉。
- 在合理的范围内，说可以适当鼓舞人心的话："会找到解决办法的。"
- 避免使来访者非常孤立的情况，激活社会支持系统——

鼓励来访者和信任的亲友交谈，帮助来访者找到一个可以值得信赖并且能够陪伴他们的人。有时候来访者可能觉得没有什么是他能做的，往往是因为他没有找到那个可以和他交谈的人。

- 拖延时间，鼓励来访者等几天看看是否有其他选择而不是自杀，即探索替代选择。
- 努力让来访者和你达成一致意见，不再进一步企图伤害自己，让他们同意寻求专业帮助。
- 如果必要，将来访者转介给自杀危机干预中心等专业处理自杀倾向的机构。

2. 紧张的受害人

如果一个受害人显得很紧张，如尴尬、咄咄逼人，或过于正式，你最好采用一种轻松和积极的态度，观察其喜好，并从安全简单的话题开始进行提问，直到他们进入更轻松的状态。

3. 寡言的受害人

如果来访者的回答很短暂、不回答或抵制你引导其更多地谈论自己，这时可以回避使用封闭式问题，可以问一些容易的、开放式的问题，鼓励任何回复。

4. 说得太多的受害人

受害人谈得过多,表明可能常常遭受创伤或打击。在这种情况下,专心地听着,尽可能确保你已经明白他们在说什么,重复回馈给对方,这有助于让对方感觉到你很关注他们。

5. 夸大事实的受害人

一些受害人可能会持续地夸大其伤害和疾病,咨询师应该抵制这种夸大的影响,让来访者说出事实。

6. 太冷静的受害人

一些受害人可能会显得过于超然和冷静地在描述情况。这可能是其应对创伤的方式,有意或无意麻木自己的情绪。生活在一个受暴力的环境中,可以降低受害人对暴力的敏感,因为受家暴成了他们的家常便饭。

7. 非常愤怒的受害人

一些受害人可能会因为发生在其身上的事非常生气,他们可能把这种愤怒发泄在你身上。如果发生这种情况不要惊慌,也不要认为这是针对你的。他们最有可能是把自己对加害人、他们自身,或社会大众的愤怒投射在你这里。这实际上是好的，因为这表明，他们认为你是一个安全的目标。如果他们觉得足够有把握对你发脾气而不必担心打击报复的话，他们也会愿意让你介入。鼓励他们表达自己的感情，但尽量不要让事情变得太失控了。

8. 歇斯底里的受害人

对某些人来说，创伤反应和痛苦的回忆实在太多。告诉受害人，可以大声哭出来。他们愿意对你哭，说明他们觉得足够安全，说明他们真实地感觉到痛苦。让来访者放心哭，只要他们需要。轻轻地提醒他们，每当他们感觉准备好了，你就在旁边，并且提醒他们可以慢慢来。

9. 沉默的受害人

有些受害人是反应迟钝的，回复问询也并不专心，这可能是持续的虐待和精神冲击造成的。他们的伴侣可能以各种各样的方法威胁他们，警告他们不能对任何人说暴力的事。在家暴的烦恼中，他们和你谈话时态度可能也会矛盾，因为他们可能对于指责某个他们爱的、曾经爱过的、相互有孩子等的人持保留意见。他们可能很难表达发生了什么事。咨询师不要着急，要有耐心，花时间建立融洽关系，最终他们会开始信任你和敞开心扉。

10. 性与性别少数受害人

性与性别少数受害人遭受伴侣暴力后，许多人因担心而选择不说出来，害怕因此暴露了他们的性倾向，而有更大的压力。咨询师除了遵循针对其他类型来访者的服务原则外，还应该为他们提供更多自我认同的支持，应用肯定性咨询法，去除"恐同压力"。

受害人非常害怕受到服务提供者的拒绝或不信任，他们对这些信号非常敏感。如果咨询师的个人价值观不能肯定性与性别少数群体，就应该转介给其他咨询师。

11. 不符合主流社会性别角色的受害人

他们因不符合社会性别角色而受害，可能包括男人事业不够成功、女人不承担家务等多种情况。

对于这类来访者，咨询师可以：

鼓励来访者接受自我，悦纳自我；

告知来访者，每个人都有权利选择生活方式，没有人有义务一定要承担主流社会的性别刻板模式的压力；

鼓励来访者与家人沟通；

鼓励来访者的家人来咨询。

12. 其他意料之外的受害人

一些受害人就不是我们想象的那样。记住，每个人都有自己的风格和应对创伤的模式，每个人都有自己的视角。咨询师需要做的是尽你所能，试着灵活、开放和非评判地对待你的来访者。

第四节 受害女性辅导案例

家庭暴力关系中，妇女和儿童更多是受害者。在伴侣暴力中，受害者也主要是女性。在父权文化的长期建构中，许多女性受害者缺少对家庭暴力应该有的知识和态度，许多咨询师也将家庭暴力视为"家庭纠纷"。这些，是我们在咨询中要格外注意的。

案例12的来访者，作为继母，是前伴侣儿女暴力的受害人。受儿女暴力的父母，来咨询的很少，不足以成章。从前夫的角度看，也可以算作"受害伴侣"，所以也放在此章中。

案例1：施暴的丈夫愿意改变

来访者：

女性，35岁。

来访者自述：

我老公平时是一个很好的男人，所有家务活都会干，孩子也会照顾，也会赚钱，舍得给我花钱，也不赌，也不嫖，下班就回家，是一个很好很自强的男人。他自己开公司，我看得出他很努力。但是他不太会排解工作上的压力，回来后会心情不好，有时小孩哭了，他就会打小孩，我就完全蒙了。

有时候他会像更年期的妈妈一样，一直数落我，只要我不说话，过一段时间就好了。可是我一个人带小孩，没有人帮我，在上海也没有多少朋友，圈子很小，又想找工作，还要讨好公公婆婆，也有情绪上的压力，就会在他数落我的时候回话，于是两个人的冲突就开始了，他就会打我。他这样有很多次了，好的时候隔两个月一次，情况差了，一个月有一两次。

我本身是做财务的，后来生小孩，没有人照顾，就临时在做全职妈妈。我们家财务是我控制，我希望帮他公司控制成本。他是做风险投资的，对钱没什么概念，于是他向我拿钱买东西时，我就希望有一个预算。如果超出预算，我会制止他，但他就会拍桌子，把电脑、打印机扔在地上，小孩如果哭了，他甚至会打孩子。他发泄完了，就会一直道歉，说："我以后再也不打你了，再也不动小孩了，再也不怎么样了。"

家暴让我怀疑是不是自己无能，我觉得在家里我不是女主人，而是女奴隶。我想是不是我情商太低了，我婆婆可以把公公管理好，也可以让我老公安静下来，但我对老公却是那么无力。我觉得自己有点抑郁，有时候我在想，自己绕在这个怪圈里。

我们是有感情基础的，也想把日子过下去。平时他很细心，抱孩子洗澡，做家务。我坐月子时，有一次他推了我，伤口发炎了，他亲自去买药，替我包扎，照顾我做得比我妈妈还好。他还会给我买很多贵的东西来表达他的爱意，但我只希望生活能安定一点，我觉得生活得舒心和自由是最重要的。

他很喜欢小狗，养过好多小狗。前几天他告诉我，他曾经摔死一只小狗。

在他冷静的时候，我们沟通过，他会谈起他灰暗的童年。他小时候爸爸妈妈离异，让我觉得他有爱的缺失。他爸爸以前打他妈妈，也会绑起他来打他，还会把他赶出门，让他大冬天在外面睡觉。我觉得是因为他爸爸小时候打他，他才变得比较敏感、暴躁吧。

我曾经跟他说过："你不能打小孩，你这样会变得和你爸爸一样。"他说他理解，但他就是控制不了。他写过保证书，承诺不管多大的矛盾都要冷静下来，但是真正要实施的时候，还是做不到。于是我开始害怕了，觉得事态严重了。

我内心深处是不想把家庭拆散的。我担心别人的眼光，父母的担心，再加上他诚恳的道歉，我就会心软了。

他这样下去，我很心疼。他肯定也知道自己失控了，他是有一点缺陷的，所以要我读心理学的书，去开导开导他。他曾经做过一次机构的咨询，500元一个小时，进去后他被聊得大哭特哭，但具体治疗的情况我不清楚。

他冷静的时候肯定有改变的意愿。他说,从他爸爸以前打他妈妈这件事上,他就可以看出为什么他爸爸妈妈会离婚,是因为他爸爸把女人逼急了。现在他也找到了家的感觉,他肯定不想让这件事重现。

我不敢跟我父母讲,怕他们担心,但我父母大概知道他脾气不好。我不想让孩子成为受害者,所以现在他说话的时候,我就容忍他,不跟他起冲突,默认这一切,等他把所有话说完,这个事情也就解决了。但我有时希望结束这段婚姻,这样起码孩子会健康地长大。

辅导思路:

1. 这是一个家庭暴力受害人的咨询,可以应用女性主义赋权疗法,结合家庭暴力当事人辅导的一些原则和策略进行。家庭暴力的辅导,目的应该是保障受害人的人权不受侵犯,而不应该是"维护家庭和睦"。"维护家庭和睦",是目前许多心理咨询界常见的咨询态度,至少在涉及家暴的辅导时,这是危险的。因为它可能给受害人带来二次伤害。咨询师应该认识到家庭暴力的背后是不平等的性别权力关系,从而挑战"价值中立",主张为弱者增能、赋权,使他们能控制自己的生活。

2. 与来访者建立亲切关系。友好、易接受的问候;肯定地回应来访者,不要评判一个受害人;应当成为一个倾听者,倾听中不要有指向性的责备;表达同理心,表达深切的关切。

3. 女性主义赋权疗法，需要对家庭暴力受害人的创伤进行评估。结合专业的家庭暴力风险评估量表，对当事人的风险进行评估。如果属于可能致人死亡的高风险型暴力，应该明确告知受害人风险，建议立即离开暴力关系。从描述看，本案例不属于高风险型暴力。

4. 帮助来访者认识到家庭暴力的本质和规律，帮助来访者进行社会性别意识提升。家庭暴力的本质是权力和控制。本案例中的加害人，明显在家庭中与作为受害人的来访者在权力上是不平等的，他一直试图控制受害人。和来访者一起探索事件的性质，对家暴迷思进行澄清。在这个案例中，受害人说加害人工作压力大，这是另一个关于家暴的常见迷思。

5. 介绍家庭暴力的传承性，从描述看，加害人的原生家庭中存在家庭暴力，他传承了暴力。咨询师向来访者介绍家暴的长期持续与反复循环性特点：施暴后道歉、保证再不施暴、受害人原谅加害人、加害人再施暴；加害人在不施暴时，可能符合一个"好丈夫""好男人"的标准，正因为如此，受害人与加害人有感情基础，更难离开暴力关系。

6. 去除受害者的自我责难。要向受害人明确：受暴力，绝不是受害人自己的过错；"你应该得到比这更好的对待/生活，任何事情都不该成为家庭暴力的理由"；传达"对暴力零容忍"的价值观，告诉受害人："如果你不采取行动，情况只会变得更糟"；不要说

"他为什么打你"之类的话,只是了解施暴方的借口,不要让求助者认为你在指责她。

7. 向受害人介绍家庭暴力对孩子可能造成的影响。生活在暴力的家庭环境中,即使早在婴幼儿阶段,孩子的身心健康就已经受到影响。孩子在成长过程中将出现失眠、发育不良、厌学、自卑、说谎、逃学、人际交往困难、暴力、自杀等许多风险。成年之后,通常会难以开展亲密关系、自卑、传承暴力。从描述看,来访者的孩子已经受到负面影响,来访者也非常担心孩子受影响,咨询师可以鼓励来访者采取行动保护孩子。

8. 将权力关系平等化,给受害人赋权。家庭暴力受害人的辅导,重要的内容是给受害人增能赋权,使其有能力主导自己的生活。咨询师协助受害人整合资源,将社会环境的诸多因素,纳入辅导当中,力求为受害人提供多方位的支持;比如可以分享《反家庭暴力法》中对受害人权利的维护,帮助受害人充分利用法律资源维权;又如若受害人不敢和父母求助,怕他们担心,咨询师应该让来访者认识到父母是她重要的社会支持网络;咨询师对明显失衡并且不公正的权力,进行解构和调整;帮助受害人发现自身的力量和优势;明确告诉受害人:"你可以改变你的人生。"

9. 探索可选方案。同受害人一起探索有哪些目前可以选择的方案,评估每个选择可能带来的后果,最终受害人自己做选择;咨询师有义务提醒来访者在做选择时排除非理性因素，比如本案中来访者担心离婚会被人冷眼相看等；受害人有权决定自己采取什么样的应对策略，辅导师只需要提供选项，帮助其分析每个选项的利弊即可；告诉受害人："你有许多的选择，我将支持你的选择。"

10. 制订安全计划。如果受害人决定留在一段关系中，咨询师就要协助受害人制订安全计划，避免因为家暴导致身心受损。这份安全计划应该包括在遇到暴力时，可靠的逃生方案与求助策略。

11. 本案例的一个特点是，来访者的丈夫有改变的愿望，愿意接受心理咨询。这是一个好现象。研究显示，加害人改变需要本人有强烈的改变意愿，还需要接受专业辅导。咨询师可以使来访者推动丈夫来进行辅导。

案例2：看到自己的力量

来访者：

女性，29岁。

来访者自述：

我跟丈夫结婚5年，女儿4岁了。我一直受尽他的家暴。他以前是拿自己拳头砸墙、砸玻璃、砸门，用木凳子砸其他东西，现在是打人。这次他打我，用他的皮带卷到我的颈部，导致我的脖子整个脱位，然后住院了，住院期间他也没有来看我，今天才出院。这是他打我打得最狠的一次。

那天晚上我很忙，因为做事情手很干，手指流血了，他就在旁边看电视，打游戏机，理都不理我。我想让他理我一下，就拿着遥控器在他脸上晃了一下，很轻的。他很生气，把我推倒在地上，对我拳打脚踢，说忍我很久了。他拿皮带勒我的颈，勒了15秒，把我颈部伤了，我喘不过气来，脸都红了。我去看医生，医生说会一直疼，要疼三个月，我的手脚都是瘀青，已经影响到我的劳动能力了。

第一次暴力发生在怀孕三个半月时，他跟我吵架，甩了我一巴掌，很大力地一脚踩在我的胸口，把我按在枕头上。我去医院检查，医生说孩子受到一点点震动，其他没什么大碍，然后就搁置了。生完小孩第二个月他也打我，然后每年都会打我三四次。此外，他家用也不给我。

他平常还是很正常的，有外人在的时候不说话、不动粗，但是在家里一吵架，就对我拳打脚踢。他打完从来不道歉，还对我说："你这个贱女人，活该被打，今天我打你，明天我可以杀死你。"我把他这句话录音了，他发现后，就把我所有的东西都摔坏了。

前天，他开车，我坐在副驾驶位，他故意转弯，好像想撞死我，又打了我头一拳。因为我的手机在拍视频，拍到了他，他看到就又想把我的手机砸坏，我哀求他不要砸坏我的手机。

他砸坏了我很多手机，我没钱去弄了，我现在都买二手的手机。只要我跟男人通话啊、聊微信，他就会很生气，砸我的手机。但是我也不认识那些男的，都是因为订蛋糕什么的才联系。我不理解他为什么会这么敏感。

他跟我吵架有时是关于他妈妈的。我现在做蛋糕越来越出名，很多人拜我为师，我要做一个工作坊。我家楼底下有一个仓库，正好可以用，我老公就答应我，让我装修成一个西式厨房。他妹妹过来后，他妈妈很维护她，叫她以后就在这里住，不用出去，想把下面仓库装修成住的房子。

她妈妈叫我不要搞一些废活，说我做蛋糕是废活。她说你这个人都不长久的，说我可能跟他儿子离婚，就不要霸占地方。我对我老公提意见，问他你妹妹是不是以后就住我们家了？又如以前他妈妈晚上会帮我带一下小孩，现在要看她外孙，就不理我女儿了。我跟他说，你妈妈这样我不是很喜欢。他就觉得我在说他妈妈不好。

他工作压力可能也大吧，所以把这些压力全都发泄在我身上，现在越来越严重了。

他妈妈知道他打过我很多次，因为一直与他妈妈住。他妈妈说我脾气暴躁，她儿子脾气很好，就是被我惹的，说是我语言攻击他，他才打我。

他打了我5年，我一次都没有报警，我不想把事情闹大嘛。这次他打我，我也没有报警。我现在不知道怎么做，我也不想走到离婚这个地步。因为要离婚的话，女儿肯定要放弃了。他财产很多，但我现在也不是贪图他的财产。

女儿睡觉的时候，他就会打我。不过这次他打我，我女儿看到了。我妈妈问我女儿爸爸妈妈是不是吵架，女儿说，我看到爸爸打妈妈，打到妈妈哭。

他妹妹现在住在我家，还有一个小孩，比我女儿大两岁，在一起住。女儿经常看到我们吵架，现在变得很刁蛮，脾气很暴躁，经常跟那个孩子打架。

我觉得再生活下去也没什么意思，最坏的打算是我一分钱也不要，女儿也不要，就这样跑了算了。但是我也不想这样，因为我还是一个妈妈，我要对孩子负责。孩子太小了，还需要妈妈。

其他女人会羡慕我，住着这么漂亮的房子，开着小车，老公做着餐饮，还有一个女儿。但平时做家务、带小孩都是我一个人，我老公也不管。

我有很多份工作，以兼职为主，比如做过化妆师，也做过英语翻译，但是因为要经常接触外国人，他不喜欢，我就辞了工作。他不喜欢我接触男人,比如我最近在家做蛋糕卖,接订单是女人订的,但是来取蛋糕的是她老公,我老公就会怀疑我说,你跟这个男的是什么关系,为什么你会认识这么多男的?因为我样子长得也不差,他担心我出轨什么的。他太在意这方面了,经常说这些话,搞得我精神很压抑。

我没有出轨啊,我就天天在家做蛋糕,做蛋糕也是我自学的。为了糊口,我拼命地每天做几十个蛋糕,然后还要送。有时候我让老公帮忙送,但有些时候接电话的是个男的,他就会在那胡思乱想,我跟那个男的什么关系,然后就吵架。

我是一个有能力的女人,自己可以赚到钱,养活自己。我帮别人化妆,我会做蛋糕,我英语口语很流利,还会西班牙语,这些都是我自学的。但是他不欣赏我,觉得我学什么西班牙语,是不是想出走啊,说这些话,搞得我不敢去学了。因为我学这些,会去一些西班牙语角的活动,每次我去,他都板着脸不开心。我跟他说我去那些地方是真的去学习,他就老说我去见那些外国人,怎么怎么不好,然后板着脸对我,一天都不开心,后面我也不敢去了。

辅导思路:

1. 咨询师可以使用积极女性主义疗法,同时配合家庭暴力咨询辅导的原理和技术。积极女性主义疗法分为五个阶段,第一阶段让来访者思考"我在哪儿,我觉得怎么样?"此阶段的主要目的是建立咨访关系,评估来访者的情况。我们看到,在本案例中,来访者正处于家庭暴力的困扰之中。加害人不仅对来访者有严重的肢体暴力,同时还有行为控制、经济控制这两种家暴形式。禁止来访者与男性通话,属于行为控制;限制来访者自由支配金钱,使她甚至连手机都要买二手的,这是经济控制。

2. 咨询师对来访者所受暴力进行等级评估,毫无疑问,属于高危的暴力。咨询师要及时和来访者分享这一情况,告知她:她处于生命危险中,建议立即离开暴力关系。当然,最终的选择权在受害人手中。如果来访者决定不离开暴力关系,咨询师和来访者一起制订安全计划。

3. 积极女性主义疗法的第二阶段,思考"我是怎么来到这里的?"咨询师要致力于提升来访者的社会性别意识,认识到她所经历的家庭暴力不是她个人的问题,而是社会文化的产物,即女性主义传达的"个人的就是政治的"观点。同时检省家庭中的权力关系,来访者无疑处于权力被剥夺、被控制的地位。

4. 咨询师应该向来访者普及家庭暴力的特点和规律,如持续性、反复性、传承性,等等,从而使其对家庭暴力有深入和正确的认识。咨询师协助来访者澄清她关于家庭暴力的一些迷思,诸如:工作压力大不是加害理由;脾气不好、被招惹,也都不是加害的理由。同来访者分享针对家庭暴力的正确价值观：暴力没有任何借口，不论是当事人还是家人，都不应该为加害人的行为开脱。

5. 同来访者一起分析加害人的行为特征。加害人敏感、多疑、猜忌，背后是高度的自卑。从目前的信息推测，来访者年轻貌美、能力强，加害人具有很强的不安全感。加害人试图通过暴力行为，对来访者进行控制。所以，家庭暴力的本质是权力和控制，这一点在此案例中体现得非常清晰。这些都是思考"我是怎么来到这里的？"咨询师要让来访者意识到：我来到这儿不是我的错，我想专注于我要去的地方。

6. 积极女性主义疗法的第三阶段，便是思考"我想去哪里？"咨询师要清楚明确地传达反对家庭暴力的态度，我们应该对暴力"零容忍"。咨询师可以和来访者一起思考有哪些选择，比如受到暴力时是否报警，又如是否提出离婚，分别有什么风险，该如何做决定。这个过程中，咨询师可以针对来访者的担心，帮她逐一进行分析。

7. 受害人担心报警"事情闹大"，而没有报警。咨询师应该告诉受害人：报警可以震慑加害人，可以得到她受家暴的证据，这些都可以在申请离婚时发挥重要的作用。

8. 来访者将孩子看得非常重要，希望孩子健康成长。咨询师应该清楚地告诉来访者：孩子在充满暴力的原生家庭中成长，身心健康都会受到威胁。从目前的信息看，孩子已经出现问题，所以，真正让孩子健康成长，就要离开这段暴力关系。同时，咨询师也可以告诉来访者：按照现有的法律，受害人离婚的时候更有机会争得孩子的抚养权。总体来说，第三阶段即咨询师协助来访者规划生活，讨论不同的选项，综合分析，推动来访者自己做出选择。

9. 在积极女性主义咨询法的第四阶段，来访者主要关注在做出选择之后，"我感觉如何？"本案例的来访者处于高危风险中，已经有要离开婚姻的意愿，相信在了解了家暴的本质规律之后，会做出离婚的选择。这时来访者可能会面临各种负向的情绪，以及悲伤、孤立、担心、焦虑、无助的感觉，咨询师应该陪伴来访者走过这一过程。

10. 第五阶段，思考"我如何到达那里？"即如何实现自己的选择。这部分主要是对来访者增能赋权。家暴受害人通常没有自信，此时，咨询师应该帮助受害人挖掘自身的力量，重建自信。在此案例中，来访者自己非常出色，无论是烘焙手艺，还是外文特长，都足以让她开始美好的自立生活。来访者应该重视这些积极的力量，认识到离开暴力关系，她完全可以靠自己的能力获得很好的生活。咨询师同来访者讨论她的社会支持网络，包括可以利用的法律资源，以确保离开暴力关系的过程中自身的安全。同来访者讨论，如果她决定离开暴力关系，可以采取哪些行动，并开始这些行动。

案例3：她为什么这样依赖和纵容？

来访者：

女性，约25岁，店主。

来访者自述：

丈夫，约30岁，无业。

我和丈夫结婚几年了。他现在的车以及很多家具，都是我给他买的，花了十几万。他这几年没工作，成天喝酒、打牌、打游戏，我开店养着他，他的衣服和烟都是我给买，照顾他吃喝，还给他零花钱。而我一个二十多岁的女人，自己的衣服都舍不得买，但他总是打我骂我。

我们一直没有孩子，他看男科，发现精子成活率低。我知道他有病，怕他情绪有负担，就给他钱看病。他起初遵医嘱不再抽烟喝酒，精子成活率一度有所提高，我还怀了孕，但他找碴打我，把我气得流了产。之后我就不再给他看病了，他的病至今没好。

第一次他打我，是因为他出去打牌，欠了六百多，他找我要钱，我说没有。他知道我手里有钱，因为那几天营业额在我手里。因为他乱花钱，我问他钱花在哪里了。他急了，一边用脏话大骂我，一边动手打我。

他酗酒时，说心里烦，还对我说："我喝酒，你别说话！"我一劝他，他就发火、打我。有一次他打了我，逼得我离开家，半夜在街上流浪，没地方去。最近两个月，他打了我三次。

有时打完我，他还很生气地离家出走，很久不回来。我就不放心，出去找他，求他回家。他回来，还要打我。

他有时还威胁我。前些天，他把我的车借给一个没有驾照的朋友，我想如果出了酒后开车、肇事逃逸之类的事故，车主是我，得担责任，于是打电话报警备案。警察也不怎么重视。他打我时，如果我报警，他恐怕也得不到应有的处罚。

他打骂我之后，如果我向他父母和家人诉苦、说理，他家里人反而保护他，说他不舍得打我，还对我说："你别以为我们家孩子没脾气，我们家孩子脾气大着呢，天天让着你……"

我不想让我父母知道这些，不想让父母担心，虽然我们两家离得很近。

辅导思路：

1. 理解来访者的感受，共情来访者。

2. 帮助来访者看清身处其中的家庭暴力的性质。丈夫酗酒、妻子不给丈夫钱去赌博、"脾气大"，都不是丈夫加害的理由。加害人父母说"孩子脾气大"，暴力被解释为性格问题，这同样是错误的。

加害人的生育障碍和失业处境，都造就了他的极度自卑，内心深处非常脆弱，以酗酒和暴力等方式实现对来访者的控制，从而实现他的支配性男性气质。

3. 来访者对加害人长期以来的迁就、包容，甚至在受害之后还会求外出的加害人回家，都助长了暴力行为。咨询师带领来访者反思：她对加害人的这种依赖和纵容是怎么形成的？它的背后是什么？这种依赖和纵容又带给来访者什么？在这个探讨过程中，帮助来访者觉悟。

4. 咨询师向来访者分享家庭暴力的特点、规律、性质，帮助来访者认识到，如果她不采取行动，家庭暴力不会自行中止，她的一生都将处于暴力关系中，这是否是她想要的人生？

5. 结合"亲密伴侣暴力危险性预测量表"，评估来访者受的暴力等级。从目前的记录，无法准确判断暴力等级。如果属于高危等级暴力，要明确建议来访者离开暴力关系。

6. 来访者有过求助警察无果的情况，继而认为受害报警，警察也不会重视。咨询师应该向来访者普及《反家庭暴力法》，了解警察在接到家暴受害人报警时应该采取的措施，从而增加来访者报警时的信心。

7. 咨询师帮助来访者认识到自身的力量，她独自开店，经济上自立，即使离开暴力关系，来访者也可以有很好的生活。

8. 帮助来访者挖掘可以利用的资源,特别是要充分利用《反家庭暴力法》所赋予她的权利。理解她不想让父母担心的想法,但若不告诉父母,她就又缺少了一个重要的支持系统。

9. 无论来访者是否决定离开暴力关系,都尊重来访者的选择。但咨询师应该协助来访者制订不同情况下的安全计划。来访者留在暴力关系中,需要安全计划;来访者决定离开暴力关系,同样需要安全计划。

案例4:放弃幻想,才能走出暴力

来访者:

女性,28岁,硕士,公务员。

来访者自述:

我先生也是硕士毕业,公务员。

我和我先生之间吵架,他会动手打我。我每次给他机会,原谅他,他每次都跟我说对不起,但动手的时候都没忍住,把我伤得很重。

谈恋爱的时候也吵过,说过一些很绝情的话,他会用脑袋撞地、撞墙,我心疼就说好了算了。结婚以后第一次动手,应该是回他家，要走好几段楼梯，我穿高跟鞋，脚疼，下楼时想穿拖鞋。婆婆不高兴，让我穿高跟鞋。他帮他妈说话，但我不高兴，还是穿了拖鞋。后来就吵架了，没有动手，他就是推我，把我推倒在地。

我怀孕时也被推倒在地，他用菜刀威胁，要砍什么什么。印象最深的一次是坐月子期间，他很用劲地掐我脖子，卡我呼吸道，打我脑袋，踢我。如果我抱着小孩，他会硬从我怀里把小孩抢走，给我一个很冷淡的表情，还说什么"你不配"啊、"我的孩子不需要妈妈"之类的话。

有一次打到我鼻子出血，看了一个月的医生。当时我们是在车上，打出血后，他把我反锁在车上，拿走我手机，不让我呼救。我哭了，全身都是血，有一个瞬间打开门想喊救命。他把我拖回去，反锁了车门。他怕自己的行为曝光，打我的时候每次都抢我手机，把我包包、钥匙扔掉，不让我去捡，困我在房间里，不让他父母知道。

昨天晚上他还打了我。我把小孩穿不了的衣服收起来，婆婆说是不是因为衣服是她买的，不喜欢扔了，我解释没有。她不相信还在说我，我听到也火了。我先生正好推门进来，先说了他妈妈，但看到我情绪也不好，就呼了我一巴掌。当时孩子在我怀里哭，我说你怎么可以当着小孩的面这样，他从我怀里抢走孩子，把我推倒。我想抢回孩子，说孩子可怜，不想让他在这种环境里长大，哭着求他们把孩子还给我。他妈妈就说你没有本事养他，不让我抱小孩。打完他又后悔，想要拥抱我，我很伤心地拒绝，他就又开始变得很暴躁。

我父母知道他打我，也很生气，但是觉得他可以改，说他有好的一面。他们认为离婚不可以接受，不希望我们离婚，觉得都会过去的，担心我们分开了，养育一个小孩有很多不方便。而且我先生说他会用手段让我得不到小孩，还不让我看。我们家也相信这点，我妈妈说如果离婚不要跟他抢小孩，因为他狠起来特别狠。

我一直没有勇气来咨询，觉得家庭的事情还是要内部解决，而且很多时候我寄希望于他会改变，因为他本质不坏。我们双方都有工作，如果要离婚，可能会造成不好的影响，一直心里很犹豫。但是他让我觉得自己很没有尊严，我没办法容忍他这样对我。

我该怎么办？

辅导思路：

1. 咨询师应该向来访者全面介绍家庭暴力的特点和规律，澄清来访者关于家庭暴力的迷思。"每次都给他机会，原谅他"，疑似已经形成家庭暴力中的"暴力循环"，即"加害—道歉—原谅—再加害"的恶性循环。

2. 来访者同时承受肢体暴力和精神暴力。加害人用脑袋撞地、撞墙，属于对来访者的精神暴力，目的同样是控制来访者，让来访者按他的意愿办。

3. 进行暴力等级评估。加害人的"掐脖子""打脑袋""卡呼吸道"的行为，无疑都属于高危等级的暴力。咨询师要明确地告诉来访者，高危等级暴力下，她有生命危险，建议立即离开暴力关系。

4. 如果来访者决定不离开暴力关系，咨询师应该协助来访者制订安全计划。

5. 来访者寄希望于加害人改变，因为他"有好的一面"。咨询师向来访者澄清：加害人并非十恶不赦，正因为他们也会有优点，才使得受害人心存幻想，更难离开这段暴力关系。但是，仅仅是暴力的存在，已经侵犯了来访者的人权，已经使她处于生命危险中，已经使彼此间的关系暗无天日，何况如果没有强力的外力干预，加害人是不会放弃暴力的。所以，她需要放弃幻想，进行评估。

6. 来访者父母同样存在迷思，认为"都会过去"。咨询师应该和来访者分享家庭暴力"持续性"的特点，如果不经过干预，家庭暴力通常会伴随一生。消解来访者及其父母认为离婚"不可接受""影响不好"的观点，认识到离婚在当今社会是一种常见的社会现象，更何况，因为受到家庭暴力而离婚是维护自己的人权，是正当行为，受到法律保护。

7. 关于孩子的抚养问题，让来访者了解到，处于暴力家庭中的孩子，身心成长都将受到极大伤害。关于抚养权，按照目前的《反家庭暴力法》，如果因为家庭暴力申请离婚，孩子通常是不会判给加害人一方的。所以，如果离婚，她有很大机会争得孩子的抚养权。但也要让来访者理解存在很多不确定的因素，所以如果有离婚打算，应该积极做好准备，收集受害证据，包括在受害时报警以便保全证据。

8. 咨询进一步帮助来访者挖掘自身的力量，她是公务员，年仅28岁，完全有能力开始全新的人生。陪伴来访者挖掘自己的支持系统，使其有力量做出拒绝暴力的选择。

9. 来访者也可以利用加害人害怕自己行为曝光的特点，与加害人协议离婚。当然这也要做好安全计划，以防提出离婚后，加害人的暴力行为加剧。

案例5：你没有错

来访者：
女性，28岁。

来访者自述：
我们总共发生家庭暴力5次，均是老公打我。怀孕期间两次，小孩出生后 3 次。第一次是在怀孕期间，我的工资卡都是他拿着，因为怀孕需要营养，我问老公要他的工资卡，他不给，我生气，关上门不出屋。老公把门撞开，进到屋里，把门反锁后开始打我，公公婆婆当时就在门外。他打得我躺在地上站不起来，看我不行了才停手。

这次我觉得我也有错，我不应该要工资卡。

当时我怀孕已经四五个月，肚子疼得非常厉害，老公让我去医院做检查，我没有去，后来孩子也没有事。生完小孩之后，打得一次比一次严重，一般都打在脸、头、背部。坐完月子我 100 斤，四个月了，现在只有 88 斤，精神上、身体上都很有压力。

最近一次是在昨天发生。前天带孩子很累，特别害怕被打，就去同事家里住了一晚。第二天上一天班，晚上回家给孩子喂奶时，公公不让我喂，并说："你想来就来，想走就走，有个当妈的样吗？你还带不带小孩呀！"当时老公在上夜班，公公便给老公打电话，叫老公回来，意思是让老公打我。

我就叫了同事过来，想让他们帮帮忙。老公回家时看到同事在楼下，以为是来打架的。其实同事自始至终并没有出手，但公公把同事往房子外面推的时候，把同事脖子掐得特别严重。本来我想报警，同事不让报。同事看到公公和老公那样对我，都要掉眼泪了。

我和公公的矛盾很大，很多事情都起因于和公公的矛盾。比如公公总是喜欢进入我们的房间，夏天我穿的衣服比较少，但公公还是会进来。我和老公说了没有用，和公公说了也没有用，该进我的房间还是会进。我对此很不高兴，一直压着火。另外，我和公公对小孩的喂养方式态度不一样，矛盾就变得更大。

公公没有打过我，就是看着老公打我。之前一次被打的时候，我报警了。警察过来之后，我说老公把我往死里打，公公当着警察的面说："如果是我，我就打死你了。"

婆婆是个老好人，只要公公喊一下，就吓得不敢说话。我从来没有见过这么好的人，不管公公怎么骂她，她从来不说一句话。老公打我时，她吓得不敢劝架。

婆婆和公公一致认为，女的当妈就应该受罪，男的不会带小孩，就不应该带小孩，所以小孩应该我来带。并且他们还说："上海男的是不做饭的，我们这里都是女的做饭"，可是我觉得男女应该平等的。

我对老公的埋怨，完全是因为对公公的怨气，老公平时对我还是可以的，所以有时我还觉得对不起他。我觉得他打我应该是正常的，每个人都有脾气，我老公就是火气太大了才打我的。

我给市、区妇联打过电话，他们说这样的事要先报警。

有一次发生家暴时，我报过警，警察过来之后，只是劝劝就完了。

老公比较孝顺爸妈，从不反抗。他爸爸脾气非常火暴，他非常听他爸爸的话。第一次我被打了之后，我曾经提议搬出去住，但我老公不愿意，觉得搬出去受不了这个苦，因为爸爸妈妈有房子，他不想离开他爸妈。

有了小孩子之后，我就是为了小孩子活的。我不想和老公离婚，但是我想让老公知道到底是谁的错。

辅导思路：

1. 咨询师需要澄清来访者的一些迷思，重点是：受害不是你的错。来访者说找老公要工资卡是自己的错，在公公那里受了委屈迁怒于老公，也是她的错。公公指责她一夜未归，不照顾孩子。但是，这些都不是加害人加害的理由，来访者没有错。咨询师要清楚地告诉来访者：暴力没有任何借口，我们应该对暴力"零容忍"。

2. 咨询师应该向来访者普及家庭暴力的特点和规律，向来访者介绍家暴的不同形式。来访者老公不给来访者工资卡，属于家庭暴力的一种形式：经济控制。公公虽然没有动手打她，但平时对她的态度，以及当着警察的面说"如果是我，我就打死你了"，都属于对她的精神暴力；而老公的行为，则是肢体暴力。所以，来访者同时承受着三种暴力形式。

3. 来访者公公婆婆有着深刻的性别刻板印象，来访者曾因为"怕被打"到同事家住一夜，被公婆认为不能够承担母亲职责。在谁做饭、谁带小孩子的问题上，公婆也认为女性应全部承担。咨询师赞赏来访者具有社会性别平等意识，肯定她的诉求，包括赞赏她担心被打到同事家住一晚的选择是女性自我维权的明智之举。

4. 评估暴力风险等级。来访者被打得"躺到地上站不起来"，至少是中风险的暴力。

5. 向来访者介绍家庭暴力"传承性"的特点。老公的原生家庭，显然是充满暴力的家庭。婆婆和老公都是受害人，但他们对暴力屈服、顺从，老公同时传承了暴力。婆婆不是个"老好人"，而是在暴力压迫下放弃自身权利的代表。咨询师带领来访者意识到，这个选择带给了婆婆什么。

6. 来访者声称"为了小孩子活"，以此来安慰自己，叫自己忍耐，但这样做并不能解决暴力问题。抚养孩子是整个家庭的责任，父母双方都有义务，女性不需要也不应该把这当成自己独自承担的责任，更不必要为此忍辱负重，牺牲自己的正常生活。而且什么才是对孩子最好的选择？咨询师向来访者介绍，在充满暴力的原生家庭中，孩子将受到什么样的伤害。

7. 来访者有报警经验，但警察来了没有充分作为。咨询师应该向来访者介绍《反家庭暴力法》中的相关规定，了解受害人可以向警察求助的内容，警察应该有的做法。如果来访者担心下次报警的时候警察仍然无作为，可以事先拿着《反家庭暴力法》去和管辖区警察沟通，让他了解自己的职责所在。

8. 帮助来访者认识到自己的能力，挖掘她人生中成功的经验，培养对未来生活的自信，从而具备做出自主选择的信心。

9. 咨询师和来访者一起分析有哪些选项。比如，来访者说不想离婚，咨询师和来访者探讨她不想离婚的原因，以及如果不离婚，如何保证自己的安全，协助她制订安全计划。其他的选择还包括：是否应该离开公公单独居住。来访者曾提出过这个建议，老公拒绝了。咨询师可以和来访者讨论，如何才能更好地说服老公考虑这个建议。

10. 在来访者做出未来的选择之后，咨询师和来访者一起挖掘社会支持的资源。来访者曾向同事求助，同事也对她的处境表示同情，所以，同事是她的社会支持网络中的重要成员。来访者曾向妇联求助，妇联表示她应该先报警，妇联和警察都是她可以再利用的社会资源。

11. 咨询师同来访者探讨安全计划，应对未来可能的家暴风险。

案例 6：家暴不是私事，是对人权的侵犯

来访者：

女性，38 岁。

来访者自述：

我结婚 17 年了，丈夫 39 岁，是私企老板。女儿正在读初中。

我和丈夫是经朋友介绍认识的，他追我，就结婚了。刚结婚就发现丈夫有家暴倾向，前半年还比较好，记不起怎么开始第一次家暴的，一开始是砸家里的小东西，后来就拿凳子砸我，打我，还曾经离家半个月。结婚后四五年我才要孩子，因为抚养孩子事情多，矛盾比较大，家庭暴力也增多了，通常三四个月会有一次。

他可能自己也意识到了，近几年没打我，但还是砸东西。平时一些很小的事情，两个人争论几句，争不了两分钟，他就忍不住了，就拿起凳子乱砸。手边的东西，只要他够得着的，能碰到的，都会砸。砸桌子、电视，所有东西都会砸。砸后的样子，就像是刚抄过家。以前他砸一个，我修补一个。我家以前有一个台式电脑，那种方方正正的显示器，砸碎了，我自己抱着去维修。现在我也不修补了，就这样放着吧。

吵架时，他老说我"喊"他。他总说："你不要刺激我，你刺

激我，我照砸不误。"但他是嘴不饶人的人，嗓门比我还大。我说你不怕邻居听到，他不理不睬。我说不要伤害孩子，他说："这是伤害孩子吗，那你不要刺激我。"我说："你还刺激我呢，这么多年，我很难受，你想过没有？"

我是一个很坚强的人，很要面子，我能忍就忍，一直包容他，都不去计较。我从来没有告诉过家人，也没有报过警，认为这是一个家庭矛盾，报警影响不好，就息事宁人，不想把事情搞大。有人建议我去找妇联，我去了，妇联说："为什么你一开始没有报警，如果你一开始报警，教训他，他就会慢慢改变，现在这么多年了……"

现在我觉得我就是太包容，对自己不负责任。我已经认识到他不可改变。有时我注意到他有暴力倾向的时候，我就避开了。

我们两人感情不好，基本没有共同语言，冷战是常有的事。他平时对我不闻不问，我生病时从来没有照顾过我，从来没有体谅过我。

他挺关心孩子的，也辅导作业。只是打的时候，就完全不管孩子是否在旁边了。我和他说，孩子已经大了，当着孩子的面不要砸东西，但他不听。他昨天还砸了东西，威胁我说："以后再吵架，照砸不误。"他说他爱孩子，但他当着孩子的面这样，就是伤害孩子。

孩子小的时候，会给爸爸下跪，说："爸爸，不要打了。"现在有时爸爸砸东西，孩子还会出来说："爸爸你怎么了？"我就让孩子回到自己房间去，说这和你没关系。孩子有时会劝我："不要惹爸爸生气。"

我小时候没有爸爸，所以想让孩子有爸爸，这是我一直忍受的唯一原因。他砸了东西之后，我都立即收拾。如果我不收拾，孩子看着，对孩子的伤害更大。我对他说："你以为我怕你这样做吗？我是不想伤害孩子。"我做这些都是保护孩子。

我没有同孩子讨论家暴问题，没办法说。我想，如果孩子还需要我照顾，我就留下来照顾她。也许到孩子上高中以后，不需要我了，我再离开。

他家是农村的，妈妈很早就死了。父亲对他母亲也有暴力。

在生活中，他对同事、同学是个好好先生。

我的忍耐已经到了极限，想要离婚。他现在的态度就是不离，但也不善待我。他一直坚持，离婚不让我带走孩子："你如果想走，自己走就行了，什么东西也拿不走，是你提出的离婚呀。你可以走，但孩子不能给你。如果你要离婚，你就起诉。"

我们很多年没有性生活了，我就不把他当男人了。

辅导思路：

1. 咨询师向来访者介绍家庭暴力的特点和规律，包括此案例中的老公本身便是原生家庭暴力的传承者。咨询师帮助来访者理解家庭暴力的本质是权力和管制，是对人权的侵犯，强调"对暴力零容忍"的原则。

2. 咨询师告诉来访者，加害人的"砸东西"，属于《反家庭暴力法》中的精神暴力。所以，她同时承受着肢体暴力和精神暴力。至于"很多年没有性生活"，如果是加害人刻意以拒绝过性生活作为"惩罚"来访者的方式，那么就属于性暴力。咨询师协助来访者进行暴力等级评估，本案例中的暴力等级应该为低等。但是，这并不意味着这份暴力是可以容忍的。

3. 咨询师协助来访者认识到：加害人的控制欲是加害的真正原因，但他们通常会将暴力的责任推给受害人，像本案中丈夫声称是妻子的"喊"刺激了他，使他加害，但正如来访者清楚地表述的，这只是个借口。来访者说生了孩子后，"抚养孩子事情多"是暴力增多的原因，这样的认识也是错误的。家庭暴力本质上是一种权力关系，是加害人试图要控制受害人，"暴力没有任何借口"。

4. 来访者认为这是家庭矛盾，这是社会上普遍的看法，即认为家庭暴力是家务事。咨询师应该协助来访者认识到：家庭暴力不是"家庭内部矛盾"，它是对基本人权的侵犯，公权力应该介入干涉。

5. 妇联的说法有一定道理，指的是此家庭中，暴力已经进入了循环模式，成为伴侣相处模式，很难改变了。咨询师协助来访者了解家庭暴力持续性的特点，不抱幻想，有助于来访者做出对自己最有利的选择。

6. 来访者反复诉说："我只有一个信念，就是不想伤害孩子。"咨询师应该让来访者认识到：孩子已经受到伤害了。让孩子生活在这样的家庭中，就是对孩子最大的伤害。不是说有一个爸爸在身边就一定是好的，目睹家庭暴力对孩子的负面影响将伴随一生，远比没有爸爸的负面影响大。完整的家庭，不一定带来幸福感。当孩子对母亲说出"不要惹爸爸生气"时，说明她内心对暴力的错误认识已经形成了。所以，与其忙着收拾被砸坏的东西，让孩子回房间不要面对暴力，不如坐下来，和她分析家庭暴力的实质，使其了解这背后的权力关系，是一方想要借此来控制另一方，而不是妈妈在"惹"加害人，这不是妈妈的错。这样的价值观分享，有助于孩子对家庭暴力有正确的态度，阻断暴力传承。

7. 随后，咨询师协助来访者分析各种选项，评估每个选项的利害；咨询师帮助来访者挖掘资源，增加自信，规划人生；咨询师帮助来访者整合可以利用的资源，鼓励来访者充分利用法律，维持自身权益；咨询师尊重来访者处理暴力关系的决定，协助来访者制订安全计划等。

案例 7：加害后，他将责任都推给受害人

来访者：

女性，约 40 岁，研究生学历。

来访者自述：

我和丈夫结婚十几年了，他也是研究生学历，40多岁。多年来，丈夫对我"攒下"了很多旧账，经常无缘无故对我发火，把我气得浑身发抖。

他对很多无心的话语特别敏感，我经常一语不慎，就触怒了他，然后他就没完没了地发脾气，大吵大闹，非常疯狂。平时，他要求我不能对他大声说话，也不能否定或质疑他的意见，连反问句都不能对他用。

他在争吵时，把我堵在狭小的屋子里，不许出去，还经常夹带人身威胁，比如"把你揍得老老实实""把你和孩子都弄死"，要摔死孩子。如果发生在晚上，他不睡，也不让我睡。他对孩子也很严厉，有时孩子没听清他的话，他会突然翻脸，大声斥骂孩子。有一次我忍无可忍，打电话报警，他就对我亮出了刀子。

他总怀疑我和孩子不尊重他，但他的理由根本不成立，像是故意找碴欺负人。有一次我对他说："你先把东西准备好，否则就算

下周有空,也没有用。"他顿时火冒三丈,质问我为什么骂他"没有用"。我再三对他解释,并不是说他没有用,但他对我不依不饶,说我故意骂他、存心想气死他。

他老家在东北,他说他小时候,父母经常发生暴力冲突。他爸爸经常打他,还特别要求他必须听话。他妈妈去世后,他后妈也经常遭受他爸爸的种种暴力。他爸爸曾对他说过:"丈夫一定要把老婆收拾得服服帖帖,就像驯马一样,要拿绳子套住。"

他爸爸有时会和我们一起住,这时家里更容易发生矛盾,就像被阴霾笼罩。公公对我们两口子的生活横加干涉,过问我们的每一笔账目,态度很粗暴。如果我做得不能让公公满意,公公就会跟我丈夫告状。接下来,丈夫就会恶狠狠地责骂我,对我说:"你不这么做就不行!"

他总说,每次争吵都是我挑起来的,是我先不尊重他,存心惹他生气,所以他才对我发火,让我体会到他的痛苦。

他事后会向我道歉,说他当时不该发脾气,并恳求我原谅他。当他过后平静下来,向我道歉时,会可怜兮兮地看着我,乞求我接纳他。

我觉得这些事是家丑,不愿对外声张,也不愿意在朋友面前像"怨妇"一样吐苦水。平时我尽量少和他说话,以免招惹他生气。我在情急之下打过110,但警察觉得这是家务琐事,不管。

我是独生女，有时会对父亲倾诉。父亲说我对丈夫应该温柔，还说："一个巴掌拍不响，他有一大半责任，你也有一小半的责任。即使你在生气的时候，也要注意你说话的态度。"而且，父亲把这些话都告诉了丈夫。

他平时待人宽和，尤其是面对有身份、有地位，或者比他强壮很多的男人，他的脾气特别好，但在和我吵架时，就变得既凶恶又霸道。

他对自己在性爱中力不从心的事实，极为敏感。我在这方面如果一语不慎，比如那句无心的"没有用"，就会令他暴怒。

我受够了这种折磨，想和他分居一段时间，让双方都冷静思考下，是否愿意修复关系，再从零开始，一起生活。我也经常感到丈夫很无助、很可怜。我作为他的妻子，到底是该尽力挽救他，还是勇敢地离开？我很难做出选择。

我想找个更好的男人，但我又担心，所有的男人都有与生俱来的暴力冲动。现在，我对男人普遍感到绝望了。

辅导思路：

1. 咨询师结合来访者的自述，分享家庭暴力的特点与规律。比如，家庭暴力是一种性别暴力，背后是对女性歧视的态度，把妻子当作马，"要用绳子套住""收拾得服服帖帖"，从这些公公的话语中，就可以看出来；家庭暴力具有传承性，这在此案例中也非常清楚地体现了；家庭暴力具有循环性，加害人往往会先加害，再道歉，一旦受害人原谅了他，就又会开始加害、道歉的循环；等等。

2. 咨询师同来访者一起分析加害人的个性特点，他缺少自信，生活在自卑的阴影中。性爱的无能，进一步加重了他的自卑。无论"一语不慎"引发的"疯狂"，还是孩子没听清他的话带来的斥骂，或者怀疑家人对自己"不尊重"，对"没有用"的敏感，以及要求妻子"不能大声说话，不能否定或质疑"等，都说明他的自卑。也说明家庭暴力是加害人想要控制受害人的体现，这种控制的背后，是对"男子汉"在家庭中"主宰地位"的拼死维护。也就是说，家庭暴力的本质是权力和控制。

3. 咨询师协助来访者认识到：加害人把责任推给受害人，在家庭暴力中很常见。加害人可能真的相信，受害人是有责任的，而很少反思自己的问题。但是，我们强调"受害人是不受谴责的"，没有任何事情可以成为加害的借口，指责受害人是对他们的二次伤害。

4. 咨询师帮助来访者认识到：父亲对她的"劝说"，反映出社会对家庭暴力的另一个重要认识误区，即家庭暴力是双方的责任，"一个巴掌拍不响"，但是我们要强调，任何事情都不可以作为加害的借口，暴力没有理由！受害人不应该成为受谴责的对象。来访者父亲的表现，可能有"维护婚姻"的善意考虑。这是一种错误的处理家庭暴力的态度，没有原则地维护婚姻，不仅无助于消除暴力，还会使暴力加剧。处理家庭暴力问题的目标，不应该是维护婚姻，而应该是消除暴力、保障人权。

5. 咨询师对来访者所受暴力的危险性进行评估。丈夫对妻子扬言"把你揍老实""弄死你和孩子"，以及对妻子亮出刀子等，不应视为简单的威胁。此类话语的反复，有高危险的暗示性，需要当事人格外留心防备。

6. 如果来访者不愿意离开暴力关系，咨询师应该协助她制订安全计划，比如尽量在暴力冲突发生之前，及时发现"危险信号"，提前避开。

7. 来访者曾经报警，没有得到有效支持。咨询师应该和来访者分享《反家庭暴力法》中受害人报警后的权利，鼓励来访者充分利用法律赋予的权利。

8. 咨询师帮助来访者认识到，她一方面"受够了"，另一方面却迟迟没有采取有效的行动，还说感到丈夫很可怜，很无助。这是长期遭受家暴为她留下的心理阴影，不断强化了她内心深处的无力感，使得她难以开始新生活。咨询师应协助她认清自己，从而走出来。

9. 来访者担心所有的男人都有暴力倾向，是过虑了。咨询师可以告诉来访者,统计显示,约一半的家庭中至少发生过一次暴力行为。也就是说,至少还有一半的家庭从来没有发生过暴力。咨询师可以同来访者分享,如果在婚前交往阶段及时发现对方存在暴力的可能性,比如询问其原生家庭中是否有暴力,比如了解他对暴力的看法,观察他在与别人发生冲突时的处理方法等。

10. 咨询师协助来访者分析各种选项,评估每个选项的利害;咨询师帮助来访者挖掘资源,增强自信,规划人生;咨询师帮助来访者整合可以利用的资源,鼓励来访者充分利用法律,维持自身权益;咨询师尊重来访者处理暴力关系的决定,协助来访者制订安全计划等。

案例8:对加害人的"爱心"会变成纵容

来访者:
女,40多岁。

来访者自述:
我老公精神有问题,但他不承认。他自己一直在挣扎,总纠结于一件事。我想用爱心帮助他打开心结,作为老婆,怎么才能帮助他?我实在是爱他,不想有任何对他的不好。

老公经常几天不回家,我怀疑他有外遇,但他说没有,我也就不再追究了。可他却认定我已经出轨,还对我讲:"说出来,说清楚,我就原谅你。不说出来,我就不放过你。我绝不会原谅欺骗我的人。"但是我真的没有外遇,和他怎么解释都没有用。他很生气,认为大家都瞧不起他。他这种状态,我怕别人知道了,对他会有负面影响。

他打过我很多次,不是一次两次。我理解他,因为他工作一直有压力。我想过寻求帮助,但又怕会伤害他,怕这事说出去,别人真的瞧不起他,担心自己是落井下石。我想有一个家庭,不想轻易放手,希望用爱心把他拉回来。我不理屈,我认为自己坚持下去,总有一天他会明白的,知道我是爱护他的。

在别人眼里,可能还认为是我做错了什么。不然他为什么打我呢?上次他打我,也不是我完全没有错,我也有一点错,他打了就打了。我在家里躲了八天,才上班。

有一件事是我做错了,我借钱给一位同事,怕他骂我,就没有告诉他,结果那个同事原来说几天就还我的,却很长时间都没有还。他知道了,就说我和那个同事可能有什么关系。我承认借钱没有告诉他,是我的错,但我和那个同事真的没有什么关系。在外人看来,这是我的错,换作别人就会告诉他,所以这是我的错。

他吸毒,我反复劝他不要吸毒,他都不听。

他自己内心也不喜欢这种暴力状态,也想走出来。所以我想用我的爱心帮他走出来,但他以为我是在内疚,是在赎罪。

辅导思路:

1. 咨询师引导来访者澄清关于家庭暴力的一些迷思,比如,家庭暴力和工作压力没有关系,有很多正常、健康的渠道可以缓解工作压力,不必要家暴;家庭暴力和"精神问题"也没有关系,如果有病也应该去看病,有病不是可以谅解暴力的理由等。帮助来访者认识到家庭暴力的特点规律,从而真正理解自己所面临的处境。本案例唯一的特别之处是,加害人吸毒,这可能影响到他的大脑和行为,建议找专业医生诊断。

2. 咨询师与来访者分享:加害人认为来访者出轨,疑神疑鬼,是加害人自卑心理的体现。

3. 咨询师挑战来访者自责"自己也有错"的观念,强调受害人是不应受指责的,暴力没有任何借口。以借款事件为例,夫妻之间财产共享,但也有一定的独立性。如果是小额借款,不必告诉丈夫。如果是大额借款,不是救急,有充裕的时间,那么应该商量,表达对配偶的尊重。这里如果是小额借款,妻子的行为就没有过错,如果是大额的,可能是有不妥,但这不是加害的理由。来访者的丈夫抓着这一点不放,实质是想控制来访者,却不反思伴侣关系中长期存在的不平等，是极其错误的。尊重是相互的，如果一方借助暴力手段来控制对方，那必然使得对方不能、也不敢尊重他的意见，比如这里，来访者就是因为"怕他骂我"，才没有选择与老公协商，独自决定借钱给别人。这恰恰是家暴的结果，却又成为再次实施家暴的新口实，形成了恶性循环。

4. 咨询师可以挑战来访者一再强调用爱心帮助加害人的价值观，加害人是想通过暴力来控制对方，所以受害人对暴力的谅解，不可能改变对方的行为，只会加剧他的暴力。改变暴力行为，有两个重要前提：一是加害人本人有强烈改变愿望，二是加害人接受专业的辅导。所以，不要指望"爱心"让加害人改变。受害人越是讨好加害人，他就越认为你有短处，有错误，打你是对的，是有道理的，暴力就不可能中止。

5. 进行暴力风险评估。目前的记录，许多地方不清楚。但来访者曾经受害后八天不能上班，至少不会是低风险暴力。咨询师提醒来访者注意安全，制订安全计划。

6. 咨询师应该挑战来访者担心家暴让别人知道会"伤害"加害人的心理，这种心理无法改变家暴，只会纵容暴力。对家庭暴力要坚决说"不"，我们倡导对家暴"零容忍"。

7. 在来访者对家庭暴力有充分认识的基础上，咨询师协助来访者分析自己面对暴力可以做出的不同选项，评估每个选项的利害；

咨询师帮助来访者挖掘资源，增强自信，规划人生；咨询师帮助来访者整合可以利用的资源，鼓励来访者充分利用法律，维护自身权益；咨询师尊重来访者处理暴力关系的决定，协助来访者制订安全计划等。

案例9：因和丈夫在同一个事业单位工作而不敢离婚

来访者：

女性，50多岁，在事业单位工作。

来访者自述：

我结婚20多年了，和老公在同一个事业单位工作。儿子正上初中。

我老公打我，也持续二十多年了。现在基本上一个月打一次，打得青肿瘀血，有伤口。我们夫妻关系已经名存实亡，分房睡多年。

第一次发生暴力是二十多岁时，那时候刚领结婚证没多久，还没举行婚礼。当时我们吵架，他打了我几耳光。当时我也想过把婚退掉，但当时那个年代虽然没有举办婚礼，拿了结婚证再离婚，也算是二婚，就没有离婚。

结婚到生孩子之前,暴力形式是你踢我一脚,我踢你一脚。怀孩子阶段没有暴力,因为当时和老公有约定,怀孕了就不能动手打人。

生完孩子后,又发生了严重的暴力事件。当时婆婆来照顾孙子,因为抚养孩子的问题,产生了很多矛盾。老公又开始打我,而且打得很严重,频率高的时候一个月两三次,低的时候一个月也有一次,像定期发作一样,找碴一定要发泄出来。

我印象最深刻的一次,是因为喂孩子奶粉的事。他嫌我啰唆、要求多,一生气就向我脑袋上捶了两拳。还有一次他把我踹到地上,婆婆却在一旁冷笑,支持他打我。这段时间,老公基本是抄起什么就用什么打,打得我遍体鳞伤,有一次特别严重,我头被打昏了,脸一侧被打紫了,班都没法上。

老公出生在农村,他父亲是一个很暴力的人。结婚后,有一次他父母到这边来住,当时没有多的凳子和桌子,我们出去买。我说天气太热了,还要买凉席。他就嫌我啰唆,开始对我破口大骂,还骂我母亲,我让他把话收回去。他说:"我就骂了,怎么着!"我在气头上说:"你要不收回,我到时候就把你父母赶走!"

结果老公就跑回家跟父母说,我要把他们赶走。他父母就对我咆哮,他父亲甚至说:"这样的老婆就不应该要!你打她,往死里打!你要是我儿子,你就打!"他们认为自己儿子很能干,加上我之前有过怀孕，因为身体不太好流产了这些因素，不喜欢我。

最近一次暴力是在前天，老公一直跟单位一个同事关系暧昧。那天我看到他跟那个同事在公交车上聊天，回来就问他，为什么还跟这个女的有来往？老公说没有去找她，是同事主动找他聊的，我说："苍蝇不叮无缝的蛋。"老公听到这个就很生气，拿起手中正在洗的锅，直接打到我胳膊上，当时血就溅出来了。他说："记住，再侮辱这个同事，说一次打一次。"

我想过离婚，但现在儿子上初二，正处于升学的关键时期。我不想跟老公闹，怕影响到孩子升学，而且抚养孩子也需要老公经济上的支持。孩子看到爸爸打妈妈时，会去拉架，会去保护妈妈，会安慰妈妈说："妈妈，你知道爸爸就是这样一个烂人，不要跟他计较，要好好照顾自己的身体。"

孩子比较怕爸爸，因为爸爸比较凶，有时更听爸爸的话，还会模仿爸爸，有些暴力行为。

孩子不想让父母离婚，一方面是想有一个既有爸爸又有妈妈的家庭，另一方面不想成为单亲家庭。因为儿子班上有单亲家庭的同学，儿子担心会和他们一样被人看不起，也被老师看不起。

还有一个是考虑到工作，因为我和老公是一个单位的，他曾经威胁我，如果要离婚的话，就把我说领导的坏话都告诉我领导。我们单位人际关系是很紧张的，如果这样我的工作可能就没有了。

我试过报警,一共报了三次。警察来了只是批评教育,当下是能阻止暴力,但老公最后发现警察也不能拿他怎么样,等警察走了,就会变本加厉,打得更厉害了。

我想协议离婚,不想把事情闹得太大让单位都知道。但协议离婚的话,财产不好分配,老公只打算分给我一小部分。孩子也是一个问题,老公说如果离婚,孩子就要跟他,不然他就不付抚养费。

我想过起诉离婚,但遭到老公的威胁,我觉得老公真的什么事都能做出来。

辅导思路:

1. 咨询师结合来访者的经历,和她分享家庭暴力的特点、规律、实质。比如:家庭暴力具有传承性,加害人从原生家庭传承了暴力,而来访者的儿子也已经表现出传承了暴力;家庭暴力具有长期持续性,来访者已经忍受了二十多年,如果不离开暴力关系,暴力还会一直持续下去;家庭暴力不是加害人"失控"才打人,两人约定"怀孕就不能打人",老公也做到了,就可以看出所谓无法控制只是借口;家庭暴力的本质是权力和控制,是加害人想通过暴力控制受害人,让受害人按他的意愿行事;等等。

2. 评估暴力风险,制订安全计划。

3. 来访者已经明确表示希望走出婚姻,咨询师帮助来访者梳理走出婚姻面对的困难及应对措施。比如前期报警，警察对于家暴处理不专业，那再报警之前应该做好哪些准备；如何收集受害证据；分享《反家庭暴力法》的相关内容，解除来访者关于离婚时财产分配、孩子抚养等的顾虑；同时和来访者一起争取一切可能的资源，积极行动起来。一方面要自我保护和保护孩子，另一方面尽量收集家暴证据，比如到医院验伤、拍照片、保管好医院鉴定书，收集亲友证词等，协商不成就起诉离婚。

4. 咨询师应该充分认识到来访者多年受害后的"无助"感，帮助她增能赋权，挖掘自身的内在力量，使其有信心面对走出暴力关系后的生活。对于丈夫威胁向领导告发她，可以思考有什么办法应对，比如也可以先向领导"告发"丈夫？对于失去工作的担心，也可以换个角度思考，毕竟离退休年龄很近了，失去工作又会如何？其实事业单位不太可能开除员工，丈夫如果将妻子对领导不敬的话宣扬出去，会让人怀疑他的人品，对他产生负面影响，他未必真敢这么做，而且人家也未必相信他。

5. 咨询师协助来访者厘清针对儿子的顾虑。暴力关系对于儿子的学习、升学同样有很坏的影响；孩子已经传承了暴力，应该让孩子有机会接受关于家庭暴力的正向教育，避免暴力进一步被传承；孩子担心父母离婚被同学嘲笑，可以和孩子讨论如果离婚对学校和同学保密的办法；培养孩子的价值观：离婚不是可耻的。

6. 陪同来访者做出利益最大化的选择，尊重来访者的选择。

7. 在来访者自信增强、做出选择之后，咨询师选择适当的时机，同来访者交流伴侣间相处的技巧。从此案例的记录中，也能够看到来访者在同加害人交流时，可能存在一些问题。当然，这绝不应该成为加害人加害的理由，咨询师也要避免让来访者觉得讨论伴侣交流技巧便是赞同加害人对她的指责。咨询师所做，目的在于帮助来访者发现自己，为今后的亲密关系做好准备。

案例10：男友说话太难听，我们"互殴"

来访者：

女性，24岁。

来访者自述：

我跟男朋友都是研究生毕业，谈恋爱两年半了，同居两年，准备明年结婚，但是近一年期间，我们两个会经常地起冲突，我被他打，但是我也有还手。他以前不是这样的，我自己也不是这样的。

因为我被他打的次数有点多，现在就是他稍微表现出来要打我的迹象，如对我说话声音有点重，我就会不能接受，就没办法控制自己发脾气，比如摔东西。他看到我摔东西就会打我，而且会越打越重。

最开始，刚谈恋爱的时候，我们都不会打架，顶多他说我。他总是骂我，会把我骂哭，我很委屈。到后来我们会对骂，我受不了，有时候会打他一巴掌，他都不会还手的。再后来，他就还手了。前面几次打他脸，他都没有还手，后来我打他一巴掌，他就还我两巴掌。

我主要就是觉得，他有时言语上很不尊重人，但他自己不觉得，认为是很正常的说话。

他打我，我都会还手。我觉得他打得特别疼，平时我都不会那么大力气去还手，一下子我也控制不住自己，还手也挺重的。有一次，他把我按在床上扇我，我抓到一杯子，朝他手就打过去了，把他打成骨裂了。他也没有怪我，他觉得情侣之间，打打架没什么。

我觉得他没有受到什么大的伤害，被打得更惨的是我。他是男性啊，下手肯定重一点，我根本打不赢他，他有时候把我手按着，我就没有办法。所以我会失控，他也会失控，我从来没有见过他那么失控，像上次那样，差点儿要死在我面前。我觉得活不下去了想自杀，然后他把刀抢过去，想捅他自己。

他这样可能跟他爸爸管他有关。他不觉得用那样的方式对待我有什么不妥，他就是在那样刻薄的环境下长大的，不觉得那样说话会伤害别人。

可是我还手了，有时候还挺重的。他也受过伤，身上都是我抓的血印子。现在我连自己是不是被加害人，都搞不清楚了。

他除了上班就是跟我一起，有一回有三天假，我跟公司出去旅行，他就很生气，我有时不想让他那么黏我。他非常不放心我，可能是怕失去我。我不知道他的自卑从何而来。

我长得挺漂亮的，我男朋友各方面也还挺好的，是名牌大学的研究生。我就不接受他总是说一些脏话啊，骂我啊。走在学校，别的女孩子穿得稍微露一点，他就说人家像坐台小姐，像什么洗浴中心小姐。

他对我管得特别严，我没有异性朋友，我连女性朋友打电话时间长点，他都会反感。他总是用女性贞洁什么的来骂我，一开始谈恋爱的时候，就用这话骂我。我会哭，没有女孩子能接受自己心爱的人用这种话骂自己。他说他明知道我很在乎，他就会用这种话来骂我。

辅导思路：

1. 咨询师肯定来访者的咨询行为，同来访者分享家庭暴力的特点、规律、迷思。家庭暴力的实质是控制，来访者男友表现出对她的明显控制行为；男友对她的暴力形式有肢体暴力、精神暴力、行为控制等。

2. 咨询师引导来访者认识到：男友长期对来访者加害，来访者的回击属于反应型暴力，又称抵抗型暴力。在互施暴力的过程中，来访者也受伤更重。所以，她仍然是受害人，她不需要因此丧失维权的信心。反应型暴力，不存在"过度"的问题。

3. 咨询师向来访者介绍加害人的一些特点，如男友自卑的特点很突出，他的暴力具有明显的传承性，有歧视女性的价值观，还认为暴力的存在是正常的等。

4. 咨询师应该指出，两人对伴侣暴力都有迷思，如认为情侣间打架是正常的，而且已经形成了暴力循环，改变起来是困难的。来访者有过自杀念头，也是非常危险的。

5. 咨询师帮助来访者一起评估男友暴力的等级、她的安全性，并且同她一起制订安全计划。

6. 咨询师和来访者分析她可以做哪些选择。比如，离开暴力关系的可能性。她还很年轻，研究生毕业，自食其力，完全可以开展新的关系。如果不离开暴力关系，又可以做什么？咨询师应该明确告诉来访者：加害人的改变是非常困难的，必须本人有强烈改变愿望，再加上长期专业的心理辅导，才会成为可能。

7. 来访者原计划明年与男友结婚，咨询师可以强烈建议：即使不离开暴力关系，在解决暴力之前，也绝不要结婚。许多恋人觉得，暴力问题以后会慢慢解决，但其实难以解决。结婚后，更难。

8. 如果来访者决定离开暴力关系，咨询师陪伴来访者分析可以采取的手段，可以利用的支持系统，包括可以报警，可以申请人身保护令等。

案例11：我想分手，男友威胁我

来访者：

女性，21岁，大三学生。

来访者自述：

我和男友谈恋爱一年多了。我在外地上大学，他是当地人，家里让我考研，离开这个城市，不同意我们交往。我提出分手以后，他就打我，说我玩弄他的感情，毕业了就抛弃他。原来我们交往的时候，也出现过暴力，提出分手后更严重了。他打过之后也后悔，但是一提分手还是会打我。

这样的情况已经持续一个多月了，本来我想跟他断绝一切关系，把他的联系方式都拉黑，但是他知道我的学校，找我很容易。我要不出去他就威胁我，诸如把我弄到监狱，或者找人揍我之类，据他朋友说，他还曾为此自杀过一次。

现在我的嘴唇还是肿的，我没跟任何人说，只说是自己不小心碰的。我没有跟朋友说，因为我觉得他们给我出的主意都没啥用。我也不敢跟我爸妈说，说了他们就会夜夜睡不安稳，然后让我回家，我怕他们操心。爸爸是个很严厉的人，如果说了不知道要闹出什么事来，平时有什么我从来不跟他说，都是先跟妈妈说。

我也没有报过警，因为我觉得那都没有用。他是当地人，有很多警察朋友，即便处理也就是拘留几天，出来之后也许会做出更危险的事，可能威胁到我的人身安全。

现在这种状况太难受了，我打算考研的，但是在家的时候看不进去书，在学校又会受到他的骚扰，心烦意乱的。我就是躲不开他，自己一个女孩子，还身在外地，非常害怕与无助，怎么才能逃离他的魔掌呢？

辅导思路：

1. 咨询师赞赏来访者坚持分手的选择，即使在面对暴力威慑的情况下，她仍然坚持分手，这份勇气和对暴力坚决"说不"的态度需要被肯定和赞赏。妥协、纵容，是没有出路的。

2. 咨询师向来访者介绍，现在男友对她实施的精神暴力和肢体暴力，这是典型的分手暴力。有调查显示，当受害人提出分手后，加害人的暴力行为确实会更严重。这也是非常危险的时候，非常多的暴力杀人是在提出分手后发生的。所以，应该高度重视。

3. 安全是第一位的，来访者的当务之急是制订安全计划。咨询师可以和来访者一起分析有哪些方法可以保障她的安全。回家复习考试，虽然可能影响学习效果，也不失为一种方案；来访者是在校学生，学校有义务保障学生的安全，所以来访者将事件报告学校是非常重要和必需的。咨询师甚至可以和来访者探讨学校可以采取的措施，比如禁止来访者的前男友进校，请同学每天陪伴来访者等。

4. 咨询师清楚地告知来访者法律对她的保障，比如她可以报警，也可以向法院申请保护令，等等。针对所谓前男友有许多警察朋友，是否属实？而且，这些朋友是否真的会庇护他，即使庇护了他，来访者还可以做什么保障自己的权利？咨询师鼓励来访者具体分析。

5. 咨询师鼓励来访者开拓社会支持系统的时候，也要和她讨论原生家庭这一重要的支持系统。虽然来访者说不想让父母担心，但毕竟是这样的大事，父母应该知道，相信父母可以做出合法的谨慎处置。

6. 咨询师再次肯定来访者的选择和力量，一方面针对前男友的暴力做好求助于法律保障的准备；另一方面调整心理状态，不要影响考研。

案例 12：被殴打致残的继母

来访者：

女性，58 岁，丧偶。

来访者自述：

我丈夫去年 9 月去世，第二天我就被我丈夫前妻的子女，打昏了扔出去，伤残 9 级。老头刚死，他儿子就去干休所说，房子是他们的，今天无论如何都要给我拉出去。干休所领导知道这个情况，也不报警，也不制止，让他给我打成这样，还说房子已经过户给他们了。我说："你过户给他们，我也不清楚。你也要等老人后事办完了，来跟我谈这个事。譬如我是出租户，你也要允许我搬走我的财产、我的个人物品，不是说给我打了就扔出来。"

那天他叫两个人进去打的，把我打得不能走路。他们打得那么残忍，整个头发给我揪起来，拼命用脚踢、用手打，三个人一起打。隔壁老干部说："现在是法治社会，你们再这样打下去会死人的。"他们才肯罢手。我被打了出来，汗背心都被撕破掉，等于没有穿衣服。

几经波折终于立案，最终以"家庭纠纷"判他故意伤害罪，缓刑 6 个月。我有异议，但申诉无果。

我现在寻求庇护，在反家暴庇护中心居住，住了一年多。他跑到庇护中心来，说你拿我没办法，你告到哪里，都是一个样。到现在连最基本的医药费、伤残费，他都没拿一分钱。我所有的工资卡、财产都在家里，也不让我进家里拿，连进屋去拿衣服都没办法，已经一年多了。我真的没地方去讲理，不懂还要去哪里讲。

救助站说："我们只能供你吃，供你住，供你穿，其他法律的我们帮不上忙。"我说："我要实质性的，家里面我的东西归还给我。天气冷了，让我进去拿点衣服。"但是街道跟司法所都不配合。

我47岁嫁给77岁的老头，他当时连保姆都请不到。后来经朋友介绍，我们在一起了，他和我说，要两个人一起走到老，连家具都要买好的，让我用到老。他后来住院，子女以为他会死，一直在医院跟我吵，要我走。老头跪着求我说："你不能走，你走了我就完蛋。"他说那些子女只要他的钱，根本不想照顾老人。他说他一生中，没有占到子女的便宜，都是他们来占他的便宜。我还不相信。

我伺候他10年了，不知付出多少。冠心病、糖尿病、高血压，所有的病都在老头身上。后来他女儿女婿、儿子儿媳四个人，强行将老头拉走了。把他老父亲关起来，逼他老父亲跟我离婚，不让他父亲跟任何人见面。老人经不起这样折腾呀，毕竟生活10年了，没有一天离开过我。他被子女抓去7天后，就被送到重症病房了。

在医院4个多月，进了两次重症病房，到最后气管切开死掉。在重症病房，还逼着他立遗嘱，要怎么样怎么样，真的不顾老人的死活。

有同事说我活该，说我爱老人的钱，今天才会这样。有的还讲，报纸上说的有人卷款45万元走了，是不是你啊？有的又说，你是偷老人的钱，偷了十几万，结果被老人的子女发现了，才被打成残疾。各种各样的话都有，我听了真的要疯掉。

老头被他儿子抓走的时候，我因为要去看老头，也报过110，总共报了2次，但110说这是家务事，让我们自行处理。

那天他们撬门进来打我，我到干休所办公室去问，你们怎么可以这样不管？他们说，你也不是不知道，他们家人这么多，又那么凶，我们怎么敢？我说，你们是在干休所里保护老干部和家属的。我作为老干部的家属，被他们子女打，你们应该出来制止一下。他说这个是你们的家务事。

辅导思路：

1. 咨询师应该明确：这是一个继母被继子女暴力对待的个案，根源是继子女要争夺财产。按照《反家庭暴力法》，继子女对继母的暴力，也属于家庭暴力。

2. 咨询师肯定来访者充分利用法律，积极求助的行为，共情她所经受的不公正待遇，赞赏她在挫折面前仍然积极维权的努力。

3. 咨询师和来访者一起讨论，还有什么办法可以利用公权力。警察、干休所等处的人员，认为家庭暴力属于家庭纠纷，无法干涉，这样的想法是错误的。家庭暴力并不是家务事，不是个人的私事，而是侵犯人权的犯法行为。暴力事件的发生，以及遗产继承的不公，跟当地执法和司法部门的作为是有关系的。传说中来访者侵吞财产等，都不是施暴的理由，何况并没有确凿的证据说明她曾有过不当得利。即使是财产、遗产有争议，也应该通过诉讼的方式来解决，而不是将人打伤了强行赶出去，这是严重侵犯人权的犯罪行为。来访者可以进一步向有关方面控诉，咨询师也可以利用自己知道的渠道，协助来访者维权。

4. 咨询师协助来访者挖掘她可以利用的资源，不要总把目光停留在无法充分利用的资源上，要开拓可以利用的资源。比如，可以考虑向媒体求助，向公益律师求助，或者自己的原生家庭是否有可以帮助她的资源。

5. 受暴妇女庇护中心的地址，法律规定应该是高度保密的，如果来访者的继子真的跑到庇护中心威胁她，就是一件很严重的事情，说明庇护中心的保密与安全工作没有做好。咨询师有义务向相关部门报告此事，也可以告知来访者要求庇护中心做好保密工作。

6. 咨询师充分了解来访者现在的安全情况，协助她制订安全计划。

7. 咨询师可以和来访者讨论除了维权，她还可以做什么。比如，她有哪些特长，可以开始自己的新生活。咨询师帮助来访者调整心态，努力开始新生活。只有重新找回生活的乐趣，也才有精力来继续维权，争取自己的合法权益。

第五节 受害男性辅导案例

有调查显示,家庭暴力的受害人90%左右为女性,但仍有10%左右的受害人是男性。由于男女生理上的差异,一般情况下,女性对男性的家庭暴力严重与危险程度均较低,更容易被忽略。然而,我们反对家庭暴力、性别暴力,并非只反对男人对女人加害,对男性受害人应同等关注,积极地施以援手。

我们尤其应该意识到,基于主流男性气质构建起来的要面子等因素,使得男性受害人愿意对外界求助的不多,且社会上对他们的支持体系也更薄弱。

案例1:我对妻子的暴力不断忍让

来访者:

男性,30岁。

来访者自述:

我结婚一年了,我妻子29岁。

我和我妻子之间存在一些矛盾,她喜欢动手,经常对我施加暴力。不管什么时候，一旦她情绪不好，或者有什么事情不顺心，她就会动手，打我耳光。

这种状态从结婚时就出现了。刚开始频率比较低，只是偶尔发生。后来越来越频繁，越来越严重，应该是一个慢慢发展、逐渐严重的过程。以前我还在想，可能是由于她没能从之前那段感情中走出来，所以脾气不好，过一段时间就会好了，希望时间能够慢慢抚平一切，使得她不那么暴力。可是现在看的话，并不是这样子的。久而久之，一直这样子的话，有时候我会比较害怕，比如说，她一抬手，我总是会下意识地躲一下。

导致她使用暴力的原因可能有很多，比如说，我说的一句话不对啊，或者有时候她说的一句话我没听见，没有及时回应啊，都会出现打耳光之类的行为。而且我妻子不只是在家里这样，平时和其他人接触时，也比较容易和人起冲突，发生暴力行为，曾经出过好几次事。

今天我们下班回去的路上，就又发生了一次暴力。当时我们路过一个餐厅，有两个在那吃饭的女人，对她指指点点。她很不爽，但我没说什么。因为我的个性是管别人说什么，无所谓，反正又不认识，就当看不见。从旁边走过时，我瞪了那两个女的两下。而我爱人觉得我应该指责她们，骂她们，或者采取其他更激烈的行动，意思是我应该维护她，保护她，顾及她的感受。

一开始我是不知道这个意思的，我就问她什么事情，她不告诉我，还很生气，然后就动手了，打我耳光。回到家里，她依然很生气，摔了很多东西，接着打我，打得我还挺疼的。后来知道了，她主要是觉得那两个女人很恶心，妨碍了她。她觉得我应该和她一起骂她们，可是我当时没有那么做，所以她就生气了。

妻子对于我的这种行为，我是这样想的：我可以忍，可以让，我不会还手，也不会还嘴，但是这不代表，我打不过你。说白了，女人永远打不过男人，这是肯定的。我如果还手，她说是我打她，我就说不清楚了，毕竟人们可能更相信男人打女人，不相信女人会打男人。

每次暴力发生后，都是我在道歉。我要不断调整自己的心态，我觉得我现在也很疼，身体上很疼，心理上也很疼，我也很需要去改变一下目前的状态。我对妻子的忍让是因为我很爱她。

我从小不是一个特别会忍让的人，个性还是比较强的。但是长期以来，特别是上大学到现在，一个人在外面很多年，家里人也不断提醒我，说一个人在外，凡事要忍让，不要轻易去惹事，慢慢才形成了忍让的习惯。

我妻子工作上没什么压力，不会是压力大导致的暴力行为，应该就是性格问题。她脾气比较火暴，结婚前脾气就比较冲，应该是和以前父母比较娇惯、宠爱她有一定关系。

我和我妻子当初不是自由恋爱，是经过别人介绍，很快就匆忙结婚了，可以说当初彼此还不是特别了解对方。婚姻生活还行吧，我很爱她，平时感情还可以，就是最近老吵架，久而久之，我心里也比较压抑。我和妻子的情况，双方父母知道一些，但信息不多，因此也没有过多的干预。

我觉得我们这种模式肯定不能持续下去，这样会对夫妻感情产生一定的影响。对于妻子容易产生暴力这件事，我们也商量过解决办法，但是我觉得没什么用。现在来咨询也是希望寻求帮助，改善一下目前的状况，首先是需要我自己怎么样来调整和她的沟通交流技巧。

辅导思路：

1. 咨询师首先要肯定来访者寻求帮助的意愿。家庭暴力通常是男性针对女性，男性受害人来求助更加困难，因为无论是受害，还是求助，都挑战了社会倡导的支配性男性气质，所以咨询师的共情有助于男性来访者感到自在，可以更好地陈述暴力情况。

2. 咨询师向来访者分享家庭暴力的本质、特点和规律。此个案中，加害人的暴力行动与脾气、前段恋情等，都没有关系，来访者不需要用这些理由为妻子开脱。

3. 家庭暴力也不是伴侣间沟通不畅的问题，而是加害人想控制受害人，来访者来咨询的主要目标还是自己怎么调整沟通技巧，这也不是对的。咨询的主要目标应该是中止暴力。来访者想学习与伴侣沟通的技巧，动机是好的，但是，靠学习沟通技巧是解决不了家暴问题的。一段家庭暴力关系，必须加害人本人有强烈的改变愿望，以及接受专业的辅导，才有可能改变。

4. 咨询师应该帮助来访者认识到，此个案中，来访者一直强调自己爱妻子，所以会忍让。咨询师应该让来访者认识到，爱与承受暴力是两回事。忍让，甚至在受害之后还是自己道歉，就是纵容了暴力。对于加害的一方越是忍让，对方就越是不可能悔悟，还会继续加害。男性对女性的家庭暴力是这样，女性对男性的家庭暴力也具有这样的特点。来访者也说，妻子的暴力程度越来越强，这与他的纵容态度直接相关。

5. 咨询师应该对来访者没有"以暴制暴"的表现给予肯定，这不只是要避免被认为他是加害人，更因为靠暴力无法解决问题。咨询师同时要告诉来访者，这不应该变为对暴力无动于衷。咨询师应该清楚地告诉来访者：对暴力要"零容忍"。这不等于他对妻子"零容忍"，或者离开妻子，而是说他对妻子的暴力行为"零容忍"。纵容，对双方都没有好处。

6. 咨询师还可以告诉来访者：如果妻子对他加害，他阻止暴力，不能算作"以暴制暴"。毕竟，我们不能要求受害人做所谓"完美的受害人"，安静地等待加害人自己住手。但是，这个阻止暴力的方式和程度，需要好好控制。

7. 咨询师评估暴力等级，此案例中的暴力应该属于轻微暴力，没有生命危险，但是也应该鼓励来访者做好安全计划。

8. 咨询师同来访者讨论，面对妻子的暴力行为，他有哪些选择，每一种选择的可实施性，可能带来的后果，以及如何应对这种后果。比如，如果他选择离婚，会面临哪些问题，如自己情感上舍不得、妻子不同意等，那该如何处理；如果自己选择继续在婚姻中，如何打破暴力循环，使自己不再是受害人。在讨论中，咨询师让来访者充分认识到家庭暴力的特点和规律，比如妻子的暴力行为是不会自行中止的，将是一个长期持续的过程等。这同样是对来访者的增能赋权。咨询师尊重来访者自己的选择。

9. 无论来访者是否决定离开婚姻，咨询师都可以鼓励来访者在下次暴力出现的时候及时报警，给加害人足够的震慑力，这是对加害人的去权过程。同样，报警也是为了积累证据，在必要的时候向法院申请保护令，或者起诉离婚。

10. 咨询师协助来访者挖掘自身的力量，比如如何对暴力"零容忍"，以及可以采取的行动；探索可以利用的社会资源，向来访者介绍《反家庭暴力法》的相关规定，帮助他了解可以利用的社会支持系统，一起分析有哪些选择方案，从而做出下一步的选择。

案例2：受害女孩成年后的婚姻

来访者：

男性，38岁。

来访者自述：

我婚龄4年，有两个女儿，其中一个是妻子和她前夫的女儿。

我老婆经常对我拳打脚踢，基本没有什么正当原因。她脾气不好，感觉很难沟通，我只能躲开。我现在下班就在单位加班，不想回家。

我没打过她，其实她打我都无所谓，就是不在公共场合打就好了。她很敏感，有时会有莫名其妙的感觉。她还要求我上交工资卡，并限制我使用资金。我以为满足她的要求，她就会开心了，那我就把钱都给她，可她还是大骂我，感觉她就不知道我难受。

当时不知道她是农村的，如果知道就不会结婚了。我是城里人，目前不知如何去了解农民的生活，也觉得没必要去了解。她融入不到我的生活圈子里，我有时带她去见见身价几个亿的老板，她会觉得我在侮辱她，但我本意是想让她多认识些有钱人，让她开开眼界。

老婆的成长环境对她造成了一定影响。她母亲是农村妇女，父亲是军人，很野蛮。从小她爸就打她妈，所以她长大了，觉得打人很正常。老婆很害怕她爸爸的样子，很少与其父亲沟通，因为小时候被她爸打。

岳父母现在农村，不方便过来，交通很不方便，对我们的婚姻状况了解不多。

她离过婚，离婚不到一个月，就找到了我。她与前夫为什么离婚，我没有关心过，推测可能也是因为打打骂骂的。

老婆带来了一个孩子，我们俩又生了一个。她也打自己的孩子，那孩子很害怕爸妈打架。她孩子的家长会都是我和我爸去开，我们和她的孩子没有血缘关系，但是她不去，只能我们去。有时真的很难理解她的想法。

我们的孩子是我父母在带，她不敢打，但是我担心过几年她会打。

辅导思路：

1. 咨询师赞赏来访者的求助行为，同来访者分享家庭暴力的特点和规律。在此案例中，加害人的暴力非常明显是来自原生家庭的传承。

2. 咨询师向来访者介绍家庭暴力的不同形式，此案例中，加害人至少有两种暴力形式：肢体暴力、经济控制。经济控制，指的是加害人控制来访者经济收入一事。婚姻存续期间的收入属于共同财产，如何使用要一起协商，不能单方面要求另一方上交。

3. 咨询师挑战来访者的论述："打我无所谓""不在公共场所打就好"。告诉来访者，暴力行为是对他人权的侵犯，是违反《反家庭暴力法》的行为，没有人应该生活在暴力中。来访者对暴力的这种态度，是对暴力行为的一种纵容，只会促进暴力的持续和强度，对伴侣关系是不利的。

4. 评估暴力等级。此案例中，暴力等级应为中低，达不到高危，但仍然要做好安全计划。

5. 咨询师和来访者一起讨论面对现在妻子的暴力行为，有哪些可能的选项，包括离婚，包括督促妻子接受专业的心理辅导等。无论来访者做怎样的选择，咨询师都应该尊重来访者的选择，然后和来访者一起讨论如何落实这个选择。

6. 咨询师和来访者一起挖掘可以利用的资源，比如自己的原生家庭是否可以成为反对家庭暴力的支持系统，等等。

7. 咨询师询问加害人对孩子的暴力情况，关注孩子的身心健康。如果暴力严重，咨询师有义务报警，以便通过法律渠道保护孩子。

案例3：得不到关爱的妻子在加害

来访者：

男性，约40岁。

来访者自述：

结婚多年了，每次动手都是她，都是家庭琐事引起的，没有原则问题。她属于点火就着的性格，不冷静，说着说着就激动了，就出现暴力了。有过几次之后，我就知道她发怒是临时性的，事后一定会后悔，她自己每次过去后也说："我又着急了，我控制不了自己。"一年中比较暴力的动手，抓破我身体的情况，总要有一两次。

她对我的肢体暴力，比如拿指甲挠我，把我皮肤抓破，拿棍子、水果刀对我挥动，抡起凳子要砸我，这类情况都有过。她对我的精神暴力，如会威胁离婚，威胁对孩子不好，说一些如"杀了你""把孩子也杀了""抱孩子跳楼"等极端的话。但我知道她不会，她只是一种威胁。

我不会对打、对骂，我不骂人，不还手，但也要抵抗和保护自己，我就是控制住她的手，一边讲理，一边安慰她。我帮助她控制自己，等她平息。这时我就和她讲理，比如说："你拿刀杀了我，你也会后悔呀，你也是犯罪呀。我又不是打不过你，但我不打你。"

我不会刺激她，我越刺激她，她越来劲儿。我如果刺激她，我可能还会受到伤害，比如她会把我脸挠破，衣服扯破，何必呢？主要是她脾气暴躁。我不是那种暴怒的人，不会激动时不讲理。我尽量不说极端的话，更从来不骂人，但我也有情绪，也难免说出某种话，在她听起来是刺激她的。我觉得我的话，和她极端的话不属于一个性质。

每次她开始发脾气，可能并不是因为钱，但最后说着说着，都会说到钱。比如说，责备我不给她钱花，说我对她实施了经济控制。但我们从来都是自己的钱自己管理，共同支出也没有约定，谁高兴了谁花。

结婚后前几年，基本是我花钱。有一次她要买房，我不同意，她就私下买了，我非常反感，那之后就比较少花钱了。我说："既然你都能买房，我也不用给你钱花了，贷款我也不管。"我现在家里也花钱，只是这几年花的少。她有时会责怪我不给孩子花钱，我说你也可以花呀，你是孩子的妈。这几年她花的比我多一些。

我感觉她对谁花钱无所谓，其实是希望我对她温柔、呵护、娇宠。她总希望达到这种状态，如果这个满足不了，她就心情不好，找碴吵架。有什么事，她总需要别人帮她解决，心理上给她安慰，她是一个没有安全感的人。

我不是完全不给她关爱，但以她的标准不够，以普通人的标准也差不多。我觉得人应该自己安慰自己，自己能够承受，不应该总让别人惯着，想让她多成长一些。有时我会刻意不给她，比如遇到什么事，不开心了，我就说："你自己提高承受能力，这也不是什么大事。"

另一方面，更重要的是，我不太喜欢花言巧语、安慰鼓励这些，我自己就是不需要别人安慰的人。每次她都说我不够爱她，对她关心少，不和她交流，但我也改不了，我就是这样的人。我这个人不是特别爱说话，感觉有些话不必说，可以自己去领会，何必都说得那么明白呢？但她几乎每次都抱怨，你也不说话。

辅导建议：

1. 咨询师肯定来访者的咨询行为，提升来访者对家庭暴力的认识。比如，在此个案中，妻子对来访者的一些暴力行为是有一定的危险度的。咨询师应该就此提醒来访者，做好安全计划。

2. 咨询师向来访者介绍家庭暴力的本质、特点、规律。妻子加害后的后悔，属于暴力的循环过程，并不表明她真的具有和改变的意识和能力；所谓"控制不了自己"，也是借口。妻子的暴力行为包括肢体暴力和精神暴力，而且她具有加害人的一些典型行为特征，如反复性、持续性等。这些分析有助于来访者抛弃幻想，积极面对暴力关系。

3. 咨询师帮来访者分析，当妻子加害时，他控制住妻子的手以阻止暴力，这样做是可以的，这种反应也是非常有节制的。暴力是对我们人权的侵犯，受害人没有义务，也不应该"顺从"地受害。

4. 针对妻子对来访者"经济控制"的指责，咨询师可以和来访者再详细了解，仔细分析。从目前来访者的自述看，他并没有家庭暴力中的经济控制，因为来访者夫妻之间一直是自己赚的钱自己管理，共同支出部分全凭自觉，没有约定。来访者现在也并非完全不承担经济支出，只是相对来讲付出的少，不应视为一种家庭暴力。

5. 关于妻子需要呵护、娇宠的问题，属于双方情感表达方式的差异。咨询师可以和来访者分享"爱的五种语言"的观点，也鼓励来访者和妻子分享这些知识，寻找双方都可以接受的表达方式。所谓"爱的五种语言"，简单地说，就是不同的人表达爱的方式不同，主要有五种：赞美、送礼、浪漫时刻、为伴侣做事情、身体的接触。比如此案例中的来访者"不太喜欢花言巧语"，即不善于使用赞美这种爱的语言，伴侣不应该因此误解他不够爱自己。当然，我们分享爱的五种语言时，也要强调：暴力没有任何借口，这些都不能成为暴力的理由。不管有什么缘由，任何时候都不应该以暴力作为解决双方矛盾的手段，暴力无助于解决问题，只会使问题更糟。

6. 但是，咨询师也不能听来访者一面之词，应该和来访者进一步讨论，看是否确实存在妻子的情感得不到满足的问题。在支配性男性气质的建构下，男人沉默寡言，任何事都自己在内心消化，被认为是"男子汉"的象征。他们中一些人也会用同样的标准要求伴侣，如果女方渴望交流，会视之为不独立，但其实伴侣渴望安慰是正常的情感需要。如果来访者存在这方面的问题，就应该做些调整。

7. 咨询师促进来访者实现赋权，引导来访者了解自己的权利和可用的资源，提高受害人的法律意识，鼓励其在需要的时候，把法律条文用足；让来访者找到自己的内在的力量和勇气，帮助受害人挖掘资源，提高自信心；让受害人相信自己有能力改变现状；帮助来访者确认自己有能力活在没有暴力的生活中，并追求自己的目标。

8. 咨询师和来访者探讨其他可能的选项，评估每个选项的得失，推动来访者做出负责任的选择。无论来访者做出什么样的选择，咨询师都应该尊重来访者的选择。

案例4：男性暴力受害人：是暴力还是虐恋偏好？

来访者：

男性，中年人。

来访者自述：

我经常和女朋友发生争执后，被女朋友打屁股，扇耳光，打屁股经常使用鸡毛掸子一类的工具。我没有反抗，因为反抗她会更凶。如果我要还手，她不是对手。每次争吵后都会这样，也许吵架只是一个她想打我的借口，打完后她就消气了。除了这点，她对我还是蛮好的。

我有明确和她提出过，让她别这样，但她说我反抗的话，就会把我捆起来打，会更严重。我要是以暴制暴，可能就会分手了，我害怕分手。现在她越打越重，还要我脱光了打。我感到这样很伤自尊，很屈辱。这属于暴力吗？

我有时是有些小毛病，她才打的，并不是无缘无故。我不希望她打这么狠，轻轻打还是可以接受的。我小时也经常挨妈妈打，可以接受女友用手打自己，但是女友觉得用手打会让手疼，所以用工具。

她说虐恋游戏里很多人花钱愿意让她打，我不忍心拒绝，怕她不开心。如果认真地拒绝，她会几天都不理我。

辅导思路：

1. 咨询师对来访者求助的行为表示赞赏，多数男人面对暴力羞于、耻于求助。

2. 咨询师明确告诉来访者：女友对他的行为属于伴侣暴力，触犯了《反家庭暴力法》。他是受害人，女友是加害人，他受到法律保护。

3. 咨询师引导来访者区分虐恋和伴侣暴力的差别。从描述看，女友可能是有虐恋倾向，很享受控制对方的感觉。作为一种性多元喜好，虐恋应该是在同好之间进行，彼此会有协商，受虐者主导行为，随时可以让施虐者中止行为，双方都从中获得愉悦。来访者与女友之间显然不是这样。

4. 咨询师向来访者介绍家庭暴力的特点、规律，帮助他认清目前与女友的关系。从描述看，两人已经进入暴力循环。咨询师清楚地告诉来访者：如果不进行有效干预，暴力不会自行中止，暴力程度只会越来越重。澄清来访者对暴力的迷思，他自称有"小毛病"才被加害，这不可以成为加害的理由。

5. 咨询师和来访者评估伴侣暴力的等级，从描述看最初属于轻微暴力，但有不断升级的趋势，来访者需要做好安全计划。

6. 来访者不愿意"以暴制暴"，但是，咨询师应该明确告诉他，他目前对暴力的无所作为，他对暴力的顺从和忍让，都在助长着暴力。在这个态度下，女友的暴力只会越来越严重。

7. 来访者自己害怕分手，咨询师和来访者分析，他为什么害怕分手？咨询师协助来访者挖掘自身的力量，自己的优势所在，他完全有能力在离开暴力关系后开始新的、和谐的亲密关系。

8. 咨询师陪伴来访者探索面对的选项，让来访者认清自己想要什么。咨询师尊重来访者的选择。

第四章 未成年受害人的心理辅导

家庭暴力的未成年受害人，包括目击与直接受到暴力的儿童与青少年。他们在十八岁以下，有的直接成为加害人的暴力对象，有的直接看到或虽然没有看到，但听到，或在暴力过程中受到波及或卷入争吵之中。即使孩子只是目睹暴力，其实也已成了暴力的受害人。

虽然孩子受父母、祖父母家庭暴力的情况常见，但是，未成年孩子主动咨询的情况比较少。也有老师或亲友发现孩子受暴，报警之后，咨询师为孩子提供辅导的情况。

第一节 未成年受害人辅导准则

咨询师在处理未成年受家暴来访者咨询的时候，要一切以孩子为中心，保障孩子的人身安全。联合国《儿童权利公约》写道："关于儿童的一切行动，无论是由公私社会福利机构、法院、行政当局或立法机构执行，均应以儿童的最大利益为一种首要考虑。"

我国也有《中华人民共和国未成年人保护法》等诸多法律,保障未成年人的基本权利。在成年人的利益与儿童的利益冲突时,要首先保障儿童权益。

除了坚定地拒绝家庭暴力之外,还要考虑到孩子的生活处境,引导、协助孩子做出自身利益最大化的选择。

咨询师不要因为来访者是未成年人,便替他们做出选择。增加来访者的能力,增能赋权,使其有能力做出自己的选择同样是咨询师的责任。

根据《反家庭暴力法》的规定,如果家暴情况比较严重,咨询师有义务代替未成年来访者报警。

咨询师要充分认识到家暴带给未成年人的巨大伤害。目击暴力,特别是父母间的暴力,会给孩子们造成严重的内心创伤。如果是直接针对他们的暴力行为,更是如此。儿童具有脆弱性,比成人更容易受到伤害;而且因为家庭环境的特殊性,他们无可逃遁。不仅殴打、辱骂是暴力,罚站、下跪、写检讨、关黑屋子、取消零用钱、不许外出、当众羞辱,这些都是暴力。此外,对孩子正常需求的蔑视也是一种暴力。

童年期间目睹父母暴力,或受父母暴力的孩子,他们可能在成长中缺失很重要的人际关系良性处理的经验,这可能给他们今后的生活造成很大的困扰,其中一些人可能会在当时或长大之后出现下列情况：抑郁、消沉等症状和反社会行为的增加，酗酒或吸毒、婚姻冲突和暴力，虐待自己的孩子，攻击非亲属和犯罪。这些受害人在今后的人生中需要加倍付出更多的努力去处理这些过往的创伤经历。

许多父母以管教的名义使用暴力，这是非常错误的理念。《反家庭暴力法》第十二条规定："未成年人的监护人应当以文明的方式进行家庭教育，依法履行监护和教育职责，不得实施家庭暴力。"

第二节　辅导步骤及要点

第一步：辅导伊始，建立信任关系

咨询师要清楚：你可能是青少年第一个告知存在家暴的人。孩子在揭露暴力之后可能会感到矛盾，一方面很高兴自己终于说出来了，另一方面又担心事情说出来以后，会被加害人发现或遭遇后续的困扰。产生这样的矛盾是因为生活在暴力家庭的孩子，多半都会担心激怒加害人，以及生活会发生意想不到的变化。

咨询师首先要做到的是：真心关心孩子，建立他对你的信任感。

如果孩子向你坦露家庭暴力的发生，你可以用孩子谈到的内容作为开场白："我知道爸爸妈妈吵架的事情让你觉得很烦恼，我很关心也希望可以帮忙，你愿意和我多谈谈吗？"告诉孩子，如果他想说说心里的烦恼，你会很乐意听。

让孩子诉说自己的故事，积极倾听，但不要强迫孩子去诉说——记住，你的工作不是进行调查。

跟随孩子的引导。一些孩子的注意跨度非常短，即便是伤心的事情，他们在一个话题上停留的时间也可能非常短暂。允许孩子按照自己的需要说得多或者说得少点。

咨询师要对青少年的情绪反应保持敏感。若青少年不想说，也不要逼青少年一定要说，要尊重青少年的坦露程度和步调，不要因为心急或好奇而追问暴力的细节。

根据情形表达你很高兴青少年来访者告诉你这些。

第二步：尊重地倾听，适时提供支持

当孩子开始谈论家庭暴力时，我们表达关心时尽量不要让青少年觉得有被指责的压力，如"你怎么不早说？""是不是你不乖，爸爸才生气打人？"等等。

通过向孩子验证来确定他们的感受，使用"听起来似乎这吓到你了"来确定孩子的感受。

与青少年确认目前是否处于安全的状态，是否已经有足以应对的安全计划。"你有可能被打吗？你可以怎么做来保护自己？"

传达支持与陪伴，但不要给予不实的承诺，避免说："一切都会变好的。"

尊重孩子的想法和感觉，不要借机说教，多听少说；避免不当的乐观与否定。

告诉孩子有许多小孩跟他们有同样的烦恼，让他们知道自己并不孤单。

鼓励孩子在安全的前提下,和家长进行交流,告诉他们:他们间的暴力使孩子多么烦恼和痛苦,对孩子的影响有多大。

尊重孩子的隐私权,未经孩子同意,不要将孩子目睹的暴力擅自透露给同学或其他非相关人员(即与处理此事件无关的人员)。

不要指责施虐的家长或者说尖锐的语言;不要批评加害人自身,只需强调加害人的暴力行为是不对的。避免说:"他(加害人)真的很糟糕!"应该要说:"不是他不好,是他(加害人)打人或骂人的行为不对。"

孩子的感受很复杂,他们会憎恨虐待,但却和施虐的父母有亲密的联结,并且喜欢和他们在一起。如果你指责施虐的父母,孩子出于对父母的忠诚和保护,可能会觉得不应该和你说虐待的事情。孩子可能会恐惧父母婚姻的破裂。

第三步:了解和评估孩子的受害情况

咨询师在谈话中要及时了解孩子的受害情况,以便决定是否需要送医,是否要立即报警以便剥夺加害人的抚养权,将孩子保护起来等。同时,了解孩子的受害情况,也有助于和孩子分享家庭暴力的知识的时候,让孩子更清楚地知道家暴带给了自己什么,未来可能带给自己什么,从而更有力地减轻家暴的影响。

家庭暴力对未成年孩子的伤害很大。许多研究显示,受暴/目睹暴力的青少年本身受到极大创伤,有许多时候他们相信暴力的发生是因为自己犯了错。

受暴/目睹暴力对未成年人在不同年龄段可能造成的伤害,如下表所示。

婴儿	青少年	5—12岁 小学时代	12—14岁 早期青少年	15—18岁 晚期青少年
不能茁壮成长; 无精打采; 日常吃饭睡觉紊乱; 发育迟缓	攻击行为; 黏人; 焦虑; 粗暴对待动物; 破坏财产; 创伤后应激障碍症状	以强凌弱; 一般攻击; 抑郁; 焦虑; 退缩; 创伤后应激障碍症状; 对立行为; 破坏财产; 糟糕的学业成绩; 不尊重女性; 社会性别刻板印象	约会暴力; 以强凌弱; 低自尊; 自杀; 创伤后应激障碍症状; 逃学; 身体健康不佳; 不尊重女性; 社会性别刻板印象	约会暴力; 滥用酒精/毒品; 离家出走; 学业成绩突然下降和逃学; 不尊重女性; 社会性别刻板印象

第四步:确定安全计划

和孩子一起讨论,现在的情况是否应该报警,或者寻求其他帮助。这样做的目的,是避免青少年或家暴中的其他受害人受到更大的伤害。

教给孩子在家暴发生时的一些策略：保持冷静、保护头部、勿刺激加害人、躲到安全可拨打电话的地方，必要时要制造声响与呼救，或拨"110"报警。

陪伴孩子拟定安全计划，包括有关身体（避免受伤）与心情（如何调节负面情绪，如害怕时可以在房间画画或玩玩具等）的自我保护策略，帮助孩子将焦点放回自己身上，鼓励孩子探索自我，并让孩子知道他们不孤单，而家庭情况也会在社会资源的介入下而有机会慢慢改变。

如果受暴力对待的孩子要求你保守秘密，你要向孩子解释你可能需要告诉一些会帮助到他的人，他们的职责是保护孩子的安全。

未成年的孩子在父母、祖父母面前，是更弱势的一方，掌握的社会资源更少，受到的影响可能更恶劣，他们因为自身条件所限，更难以脱离暴力环境，因而更需要得到整个社会的关注和支援。

第五步：培养态度和价值观

对性别暴力正确的态度与价值观的培养，有助于目击暴力的青少年未来成为反对性别暴力的一分子，而不是传承暴力的一分子。

帮助孩子理解一些关于家庭暴力的正确态度，比如：任何情况都不应该成为暴力的理由；暴力不仅无法解决冲突，还会引发更多的问题；每个人都应该妥善管理自己的情绪，愤怒不能成为情绪失控与暴力伤害的理由，生气并不等同于暴力；有权力的人不能伤害弱小，而是要善用权力来帮助弱小；建立孩子的性别平等观念，教导孩子破除传统性别角色之尊卑迷思；帮助孩子体会"家"应该是安全的地方，而每个人都有权利为自己争取安全的环境；学习在爱的关系里相互尊重、接纳、关心，而不是占有与伤害。

让孩子了解，父母间的暴力事件不是孩子的错，即使家长说这和他有关，也不必相信，无论孩子是否真的"淘气""不听话"，都不应该成为家庭暴力的借口。家长对孩子施暴，更不是孩子的错，孩子不应该因为任何原因而被暴力对待。

第六步：心灵重建

帮助缺乏自信的孩子从小任务的挑战开始，透过鼓励与陪伴，以逐步累积小小的成功经验。同时，除了追求成功之外，引导孩子探索个人特质的长处，如热心、善良、认真等，实现自我概念的建立。

多肯定孩子，让孩子觉得自己是个有能力的人。

帮助孩子发现自己的价值，让孩子明白自己是值得被爱的。此外，对孩子无法得到父母关爱的失落表达同理心，传达"父母也是人，也会遭遇正待解决的困难"的信息。

带领孩子了解他所能够发挥的能力与技巧，让孩子体会自己的力量，相信"我能够做到"。

帮助挖掘孩子的自我内在资源：培养多元兴趣、自我肯定、正向思考、人生理想；帮助挖掘孩子的家庭支持资源：正向稳定的照顾关系，良好的亲属或手足关系。

帮助挖掘孩子的社会与学校资源；同学间的关怀支持，老师的协助，社会资源的联结。

当孩子出现暴力行为的时候，以"教导"代替"喝止"，让孩子有机会重新学习适当的行为。

咨询结束时，再次确认孩子的安全计划。

咨询结束时，感谢孩子："谢谢你愿意告诉老师，你能够说出来真的很勇敢，老师会再想一想可以怎么帮助你。你随时可以再来咨询。老师可以留下你的联系方式吗？"但要保证，你与孩子的任何联系不会对他带来伤害。

第三节 未成年受害人辅导案例

案例1：弟弟出生后，妈妈开始打我

来访者：

女性，10岁，小学四年级学生。

来访者自述：

我妈妈以前对我非常好，还很温柔，从我咿呀学语到上小学，从来没有打过我一次。可是，我弟弟出生之后，她就变了。她只爱弟弟，不爱我。弟弟今年六岁了，我也上小学四年级了，妈妈打我好几次了。

昨天晚上，我和弟弟闹了别扭，姥姥急忙过来说我，可是我这个人的脾气很犟，妈妈说我是头犟牛，我说姥姥多嘴，妈妈听见了，把我抓住，对准我的屁股发起了攻击，打得非常厉害，嘴里还说着："我让你讲！我让你讲！"过了一会儿，攻击不是那么猛烈了，渐渐地停了下来。我的眼泪慢慢地流了出来，就像断了线的珠子一样滑了下来，有一滴泪珠滑到我的嘴边，我一吸，一股咸咸的味道涌进了我的嘴里，我摸了一下我的屁股，隐隐作痛。

有一天，我回到家，我弟弟就把一个东西弄坏了，然后，姥姥刚好过来，就以为我把那个东西弄坏了，就骂我："你怎么把东西弄坏了，我怎么养了你这么个败家子。"我哭着跑出去，哭怨着奶奶为什么不分青红皂白地就骂我。

总之，家里人对弟弟，和对我，是不一样的。

妈妈每次工作或者出去，都会要我照顾好弟弟，记得要买早餐给弟弟，走之前还说不能欺负弟弟，姐姐就要学会谦让，说完就给弟弟一个大大的充满爱的拥抱，而我却什么都没有，妈妈拥抱完弟弟就走了。

还有一次，我和弟弟都读完了书，就让弟弟玩二十分钟至三十分钟的手机，我却只能玩十分钟的手机。

爸爸买水果回来的时候，妈妈买零食的时候，我的永远比弟弟的少很多，但我很有计划性，每天只吃一个零食，比弟弟吃得慢，而弟弟每天吃两三个零食，三四天就吃完了。

还有一次，我写完作业回家去时，妈妈问我写完作业了没，我告诉妈妈写完了。她不信，就看了我的作业。看我确实写完了，就说我写的字很丑，就把我的作业给撕了，叫我重写。我哭了大半天。

昨天晚上七点多钟的时候，妈妈洗完澡后，发怒地叫我拿吹风机，我拿给了她。而弟弟在旁边拿着手机在玩。桌上还有一些饭粒，她又说："这桌上有饭粒你没有看见吗？"对着我大叫，又叫我擦干净，明明不是我的，是弟弟掉的。而且弟弟就在旁边玩手机，不叫他只叫我，我擦完饭粒后，就开始读书。妈妈和弟弟有说有笑，聊得津津有味，我十分羡慕。

每次妈妈发脾气的时候，我只会安静站在那里让妈妈骂我、打我，我只会忍着痛苦，为妈妈解气。希望她不要再发脾气了。弟弟呢，他看到妈妈要打自己，就赶快跑，跑到外面去。

我知道你们没有把我放在心上，如果你们把我放在心上，我的生活就不会那么孤单。我从未感受过真正的幸福，都是在打骂、哭哭啼啼中长大的！

辅导要点：

1. 咨询师赞赏孩子（来访者）来咨询的行为，绝大多数的小孩子面对家暴时都没有求助意识。咨询师共情来访者的感受，关注来访者的安全处境。

2. 咨询师清楚地告诉来访者："妈妈对你的态度确实是不公平的，她对你有肢体暴力和精神暴力。暴力是非常错误的行为，无论如何妈妈打你、骂你都是不对的。你没有责任。"

3. 咨询师告诉孩子：对于妈妈的暴力，她其实不必"安静"地等着骂，她可以找机会告诉妈妈，妈妈的打骂让她多么伤心，对她伤害多么大。对于被冤枉的情况,也要找机会再反复强调自己是被冤枉的,明确告诉他们自己感到不公平。如果受害人不采取行动,暴力不会停止,会一直持续。来访者年龄还这么小,还要在原生家庭中生活很多年,持续的暴力对她的伤害将非常严重。

4. 咨询师陪来访者一起寻找支持系统。孩子的自述中几乎没有提到爸爸。爸爸在哪里?爸爸对妈妈施暴的态度是什么?其他家庭成员能否支持来访者,帮她阻止暴力?

5. 咨询师告诉来访者:许多作为"老大"的孩子,在弟弟或妹妹出生后,都会感到不公平,感到父母"偏向"弟妹。所以,她不孤单。一些父母觉得孩子越小,需要关注越多,自觉或不自觉地忽视了"老大"的感受。父母们这样的做法是不对的。我们明白他们为什么这样做,但不等于赞同他们的做法。

6. 咨询师告诉来访者,按照法律规定,咨询师接触到未成年人受暴的案例时有义务报警。报警,有助于她得到法律的保护,也可以震慑妈妈,逼迫她放弃暴力行为。但是,报警,也可能会伤害到妈妈和她的感情。咨询师和孩子探讨每一种选择的利害,以及如何避免不好的后果。最后,在是否报警的问题上尊重孩子的意见。但是,不报警有一个前提,就是来访者有办法去避免再度受暴。如果无法避免受暴,甚至暴力再升级,咨询师就必须要报警了。

7. 咨询师应该尽可能同来访者的母亲见面交流，但也要征得来访者同意。咨询师告诉来访者：要解决妈妈对她的暴力，咨询师和妈妈交流是非常必要的。咨询师可以和来访者仔细讨论，咨询师和母亲交流的时候如何表述，避免母亲迁怒于来访者。如果得以见到来访者的母亲，咨询师应该参考家庭暴力加害人的咨询思路，对其进行辅导。比如，分享家暴对孩子的伤害，澄清家暴迷思，包括带领来访者的母亲反思自己对女儿和儿子的不同态度，是否有"重男轻女"性别歧视的影响，等等。

8. 咨询师充分肯定来访者，发现她的优点和能力，比如看起来她很能做家务，而且有计划地吃零食，等等。咨询师发现孩子更多性格、行为方面的优点，赞赏她，培养孩子的自信心。咨询师陪伴孩子规划生活。

9. 咨询师结束辅导前，要确保孩子有可以实施的安全计划，有清晰的进一步行动方案，同时再次受暴时可以立即联系咨询师。

案例2：妈妈对我非打即骂

来访者：

男性，初中三年级学生。

来访者自述:

从小我就害怕我的妈妈,记事起妈妈就爱打我,很小的时候有一次逛街因为想喝营养快线,妈妈在大街上把我打哭了,让我印象很深刻。

我是爷爷奶奶带大的,爸爸妈妈一年就回家两三次,妈妈每次都要打我。小学二年级开始妈妈回家了,我和她单独在一块的那几年是我童年最有阴影的日子,她打我喜欢让我跪下,一跪就是五六个小时,我的膝盖至今留着两个伤疤,打我的时候我不能出声,否则会引来楼下的爷爷奶奶。她经常说她很恨我,经常说我出生的时候就该把我掐死,经常说一些我那时候甚至听不懂的脏话。

有一次忘记因为什么事了,她狠狠地打了我一个耳光,第二天去上学的时候脸上的伤痕被老师看到了,办公室里的老师们议论纷纷,但是没有一个老师问我发生了什么。

我被打得最狠的一次是有一次不小心把墨水洒在了房间的墙上,她用衣架把我打到浑身都是伤,我哭得甚至神志不清。那一次打完我,让我抄了将近一个通宵的书,具体抄了多久已经忘了,只记得我一边抄她一边说我字很丑,一边骂我短命鬼蠢货之类的话。

现在上初中了,大了一些,我最害怕的是她瞪我。她会当着所有亲戚、我的同学朋友的面骂我、瞪我、大声吼我,有时候甚至当着他们的面打我。亲戚有时候会拦着她,但我妈妈总是说这是她的儿子让他们别管，会说我这种人就是欠打，打了才会长记性。

　　那时候在家里我只要出现在她面前她一定会瞪我，有时候会加几句脏话，别人问她为什么这样，她就说看我不顺眼之类的。很长一段时间，我只知道我在她面前做什么都是错的，做什么都会被骂，都会被打，我常常不知道原因，可能是今天衣服穿少了她怕我着凉会打我一顿，可能是上厕所不小心拉在了外面她会打我一顿，有时候会直接用方言的脏话说要把我的生殖器砍下来。可能是今天吃饭有些慢了，可能是考试考差了，可能是今天电视看太久了，都有可能。她总是问我知不知道她为什么打我，如果不知道我只会被打得更厉害。我总是不说话，因为我不敢说话，我觉得不管说什么，迎来的都会是巴掌或者是脏话。

　　爸爸是长期在外地工作。不过我妈妈在我爸爸在家的时候动手打我的次数会少些，下手也会轻些。爸爸通常是等妈妈打完之后会训斥我妈妈，很少直接拦着，我妈妈在这个时候通常会跟我爸爸争论表示她没错，说我犯了错就应该被打，打了才能长记性，有些时候也会直接说就是看我不顺眼才打我，但她依然认为自己没错。

　　我不知道为什么会这样，我希望感受到我的妈妈是爱我的，我却只听过她说她恨我。是我真的这么没用，这么不值得存在在这个世界上吗？

辅导要点：

1. 咨询师应该充分共情来访者的感受，咨询师可以给来访者一个拥抱。

2. 咨询师赞赏来访者来咨询的行为，事实上，很少有受暴的孩子有勇气来咨询。告诉来访者：他来咨询，说明他内在是有力量的，自己会尽最大努力帮助他。

3. 告诉来访者：妈妈对他的暴力行为，可以分为肢体暴力和精神暴力两种。咨询师清楚明确地告诉孩子（来访者）：暴力是非常坏的行为，无论妈妈以什么为借口施暴，暴力都是不可以原谅的；无论他做了什么，都不应该被以暴力的方式对待，暴力没有任何理由；无论妈妈如何指责他，如果她以"管教"的理由施暴，都是妈妈的借口，他没有错，受害人不应该受到指责。

4. 同来访者确认他现在受到的暴力情况，是否有生命危险；和孩子一起制订安全计划，当妈妈再次施暴时，他可以如何避免暴力、及时逃走，或者及时求助。

5. 咨询师向来访者介绍家庭暴力的特点、规律，以及父母暴力对孩子身心健康的影响，这种影响包括当前的，以及长远的。具体内容参看我们前面的介绍文字。咨询师告诉来访者：父母针对孩子的家庭暴力非常常见，甚至有孩子被父母殴打致死。只不过因为家庭暴力具有隐蔽性的特点，所以外人通常不知道。因此，他不是唯一的受害人,他并不孤单,有法律保护他。向来访者介绍《反家庭暴力法》的相关规定。这样的分享有助于来访者对家庭暴力形成更明确、清晰的态度,从而坚定拒绝暴力的信心,同时也有助于避免暴力的伤害,如暴力传承、自卑、厌学,等等。

6. 同来访者认真讨论,如果离开妈妈,来访者是否有其他可以生活的地方?鼓励他为走出暴力关系做准备。如果来访者短期内无法走出暴力关系,则需要进一步强化安全计划。

7. 同孩子讨论他的家庭的支持系统。从自述看,爷爷奶奶和爸爸都是反对妈妈对他施暴的,但是对他的保护无力。咨询师应该鼓励来访者将自己受暴的经历、感受,清楚地告诉爷爷奶奶和爸爸,直接向他们寻求更坚定、有力的帮助。同时,来访者要将前面学习到的家庭暴力的特点、规律,父母施暴对孩子的伤害等,清楚地告诉爷爷奶奶和爸爸,以澄清他们对家庭暴力的迷思,可以更有力地支持他。咨询师也鼓励来访者寻找其他可以支持到他的家庭资源。咨询师鼓励来访者,在安全的情况下,比如妈妈情绪状态好的时候,或者爷爷奶奶爸爸在场的时候,清楚地告诉妈妈:她的暴力行为对他的伤害,以及对施暴借口的无法接受,同时也向妈妈普及家庭暴力的常识,包括《反家庭暴力法》对父母暴力的态度。

8. 咨询师协助来访者寻找可以支持到他的社会资源,比如是否可以向学校的心理老师求助?是否可以和老朋友分享受暴经历,得到安慰和支持？告知来访者其有寻求法律帮助的权利，咨询师向来访者介绍报警之后可以得到的权利保障，比如妈妈可能会被剥夺抚养权，他可以向法院申请保护令，妈妈被拘留，等等。咨询师鼓励来访者在充分了解报警可能后果的情况下，自己做出决定。但无论如何，来访者应该开始有意识地收集受暴证据，以备必要之需。比如，已经有学校老师注意到了他的受暴情况，这都可以成为他受暴的证明人。

9. 咨询师了解来访者母亲原生家庭的情况。可以确信的是，来访者母亲的原生家庭也是暴力家庭，她的父亲或者母亲是加害人。咨询师让来访者认识到，母亲也是家庭暴力的受害者，她的暴力行为是传承来的；她从小受了错误的教育，她以为自己的暴力行为是在"管教"来访者，是对来访者"好"的，她从来没有机会学习非暴力的教养方式；她对来访者的暴力，使她自己与孩子应有的亲密情感也被破坏了，从这层意义上看，她也是暴力行为的"受害者"。咨询师要明确地告诉来访者：同他分享这些，绝对不是原谅母亲的暴力行为，而是帮助他清楚母亲为什么会施暴。我们反对的是母亲的暴力，而不是母亲。所以，如果他对母亲的情感是既爱又恨的，这也是正常的。

10. 咨询师告诉来访者：很多受暴的孩子都无法活下来，你在妈妈这么多年的暴力中活下来，应该感谢自己。你能够在暴力中生存到现在，也一定有力量最终走出暴力，拥有更美好的生活。

11. 咨询师帮助来访者进一步挖掘他的内在力量和资源，了解他的兴趣、爱好、特长，询问他的人生规划。做这些的目的，是增强来访者的自信心，因为家庭暴力受暴的孩子长期被父母贬损，很可能变得自卑。当来访者的自尊与自信被唤醒之后，咨询师陪伴来访者学习正向思维、自我肯定，规划自己的生活，树立远大的目标。告诉来访者：几年之后，当他成年，就可以走出暴力家庭，告别暴力，开始自己独立的人生。鼓励来访者努力学习，为未来的人生做准备。

12. 结束咨询的时候，咨询师应该清楚地告诉来访者，按照《反家庭暴力法》的要求，咨询师在此案例中是有义务主动报警的。咨询师询问来访者的意愿，如果来访者坚决反对，则不宜立即报警，但需要再次和来访者确认安全计划，比如将咨询师的电话号码设置为快捷键，约定遇到暴力时求助的暗语，以便咨询师能够及时帮助来访者。咨询师应该鼓励来访者随时来求助。

案例3：一位父亲酗酒、家暴的抑郁男孩

来访者：

男，15岁，高一学生。

来访者自述：

爸爸酗酒，家暴妈妈，并且经常否定和打骂我。第二天爸爸会后悔、道歉、写保证书，但下次会再犯。小时候我很怕爸爸，现在能够在他家暴妈妈时跟他对抗了。

我最近一个月没有上学，怕自己奋斗三年，也没有考上大学，爸爸会变本加厉打我，所以不想去上学。爸爸每天对我各种指责、辱骂，有时会说："你怎么不去死""废物"！

我对什么都没兴趣，觉得活着没意思，有过轻生想法，自残行为。最近买了与百草枯同类的烈性农药，准备在无法解决痛苦时喝农药结束生命。

有什么办法让爸爸不再喝酒、不再家暴妈妈吗？想要有一个和谐的家庭关系。

辅导思路：

1. 咨询师当务之急，是处理来访者的自杀风险，必要时请自杀危机中心的专业人士介入；同时给来访者进行精神状况的鉴定，如果有严重的抑郁问题，需要配合精神科医生的治疗，同时服药。

2. 咨询师肯定、赞赏来访者的咨询。告诉他：家暴非常普遍，你不是孤单的。许多孩子甚至经历了比你还严重的暴力。咨询师如果知道，可以分享几个案例。目的在于让来访者放下"我怎么这么不幸"的想法。

3. 咨询师向来访者介绍家庭暴力的实质、特点、规律，如家暴的实质是控制，家暴具有循环性、持续性、传承性的特点。咨询师和来访者一起，一一对应这些特点在他所经历的家暴中的体现。同时，澄清来访者的迷思：饮酒和家暴之间没有必然的关系。向来访者介绍《反家庭暴力法》的相关规定。

4. 咨询师向来访者介绍原生家庭受暴孩子的常见创伤，一对一地讨论哪些在他的身上有体现。比如厌学、轻生，等等。咨询师明确告诉来访者：这些都是你不应该承受的创伤，更不是你的错。一些受害人也有过轻生或厌学的时候，但他们坚定地应对暴力，成年后的生活也非常美好。你也可以做到。

5. 来访者的咨询目的是爸爸不喝酒、不家暴，咨询师告诉来访者，这需要你爸爸有强烈的改变愿望才可以，你现在需要解决的，是你自己如何应对家庭暴力，如何创造美好的未来。

6. 咨询师和来访者一起制订安全计划。

7. 针对来访者担心考不上大学受暴的想法，咨询师可以告诉来访者：加害人只是找一个理由打你，无论你怎么样，都会打你。你要做的是对自己的人生负责，面对现状变得坚强，尽可能做好你自己。

8. 咨询师赞赏来访者内心的力量。从一开始的单纯害怕，到现在可以为了妈妈和施暴的爸爸对抗,说明他是有力量的。进一步挖掘自身的力量,培养在暴力中求生存的自信。规划未来的生活,比如考上大学就可以离开暴力家庭了,从而努力学习。

9. 结束咨询的时候,再次和来访者明确安全计划,告诉他情况紧急的时候可以报警求助。同时,鼓励来访者让他的妈妈、爸爸来咨询。

案例4:失恋背后的家暴阴影

来访者:

女性,16岁,由母亲陪同来。刚从省城医院精神科门诊回来,诊断为重度抑郁和重度焦虑,开了药,吃了将近一周,感觉症状改善不明显,也担心药物副作用,所以前来咨询。

咨询开始时,整个主题都是关于前男友的,来访者和妈妈都认为来访者现在这个状况跟前男友有非常大的关系。后涉及父亲对她的家暴问题。

来访者自述:

我虽然和男友分手了,却总是走不出来,整天脑海里想到的都是曾经和他相处时的事情和片段。男友经常说:"如果你脾气好点,或许我们不会分手。"

我没有意识到我脾气不好。我觉得是男友在控制我。

我的爸爸是一个脾气非常不好的人,非常暴躁,爸爸与妈妈的关系不好,经常吵架。记得一年夏天,还是很小的时候,他们俩又在吵架,吵得很凶,妈妈进屋了,爸爸想跟进来。年幼的我萌生了保护妈妈的念头,快速把屋子的门关上并上了锁,任凭爸爸在外面叫,就是不开。爸爸开始是叫,后来用手拍打门板,声音很大。我躲在门后面吓得瑟瑟发抖,始终不敢开,后来爸爸一脚把门踹了一个洞,手伸进来把门打开了。好不容易开门进来的爸爸怒火冲天,一手拿了手机的数据线对着我的腿就是一阵猛抽,我当时就蜷缩在地上了……

但这件事后,妈妈对我说:爸爸就是脾气不好,其实爸爸是爱我们的。

爸爸这么多年来,经常打我。最近的一次是今年上半年,我休学在家,爸爸看到我不去上学,又急又烦,就又说那句经常对我说的话:"你怎么那么没有用!"我顶了他,他就又是一巴掌打过来,我当时让开了,并且用脚去踹他,他可能觉得我也长大了,这次没有再继续打我。

从小到大,爸爸很少会鼓励和表扬我,经常会说话打击我,说我什么都做不好,没用,等等。现在想起来,我爸说话的方式和前男友非常相似,我明明不喜欢这样的人,怎么又找了这样的男朋友呢？幸好我们分手了，而且是我提出来的。我感觉他就是个渣男，从来没有尊重过我，总是指责我，这也不是那也不是，让我感觉很不爽。但是，真分开了，我还是非常想念，放不下。

辅导思路：

1. 咨询师要提醒来访者：抑郁症需要长期坚持服药，服药一周肯定不会见效，有时需要服用几个月才有效果。所以，绝对不要停药，停药是非常危险的。副作用与停药的危害相比，可以忽略不计。咨询师必须清楚，心理咨询无法代替医学治疗，抑郁症患者只有在遵医嘱服药的情况下同时进行心理咨询才会有效。如果严重抑郁症患者拒绝按医嘱服药，咨询师可以考虑拒绝提供咨询服务。因为来访者是妈妈陪来的，所以此咨询实际上应该也将妈妈纳入，毕竟改变妈妈的很多迷思对解决来访者的问题也很重要。

2. 咨询师告知来访者：虽然她来咨询是要解决与男友分手以及抑郁的问题，但是，从目前的谈话可以看出，父亲对她的家暴可能与此有关，所以不妨先讨论家暴问题。

3. 培养来访者对待家庭暴力应该有的价值观。咨询师明确告诉来访者：爸爸对她实施的是家庭暴力行为。家暴是非常坏的，家暴没有任何理由和借口，我们应该对家暴"零容忍"。来访者妈妈所谓"爸爸是爱我们的"，不可以抵消暴力的伤害性；爸爸"只是脾气不好"，是错误的认识。这些态度进一步助长了爸爸的暴力。来访者由妈妈陪伴而来，咨询师应该同时向来访者和妈妈分享家庭暴力的控制本质、特征、规律，让她们认识到家庭暴力的持续性、循环性、传承性等特点。特别要强调家庭暴力对孩子当下和长远的伤害。鼓励妈妈承担保护孩子的责任，对自己和孩子负责，和女儿一起对爸爸的暴力"说不"，包括报警求助、申请保护令，等等。

4. 咨询师和来访者一起分析：家庭暴力对未成年人的伤害，有哪些已经在她的身上体现出来了？比如厌学、传承暴力、身体状况不佳、低自尊，等等。男友指责她"脾气不好"，是否是暴力的传承？咨询师可以同来访者进行分析，这也可能只是男友对她的不实指责，并不是真的。但如果真的是暴力传承，也要让来访者认识到，从而面对。

5. 咨询师协助来访者和她的妈妈一起制订安全计划，避免再受父亲的暴力；一起探索可以利用的资源，以及选项。一切均是基于对暴力"零容忍"的原则，但咨询师最终尊重来访者和她妈妈的选择。参照家庭暴力受害人心理辅导的原则和程序。

6. 咨询师和来访者分析：受到父母暴力的孩子，通常对加害人既爱又恨，情感很复杂。那么，她对爸爸的情感是否也存在这样的矛盾？她认识到了前男友对她进行控制，有精神暴力，和父亲一样，那么，她和前男友的分手，以及分手后的难以割舍，是否也在复制她对父亲既爱又恨的模式？孩子对暴力父母爱恨交织的情感是可以理解的，但对暴力男友，还是要尽早切割比较好。

7. 咨询师协同来访者和她的妈妈，挖掘来访者正向的积极的品质，找到她的力量，回忆她的成功经验，对她的力量给以充分的肯定和赞赏。比如，幼小的她曾试图保护妈妈，就是非常强大的力量。因为爸爸长期对她的贬损，来访者很可能存在自卑的情况，这部分的咨询目的在于增加来访者的自信，激发她对人生的热情，积极规划人生。

8. 来访者的妈妈也是受害人，同样面临很多需要解决的问题，而且妈妈的成长将直接影响女儿的成长，所以，咨询师建议妈妈单独再来做咨询。此部分参考伴侣暴力受害人的咨询思路进行。

案例 5：爸妈离异，爸爸开始对我施暴

来访者：

女性，高二学生。

来访者自述：

我小学二年级的时候，父母离异，我和父亲一起生活，直到今年。

我的父亲是一个有酗酒行为的人，我记得小时候他经常砸家里的东西，他经常把"你妈妈不要你了，她是骚货""你是我唯一的女儿，我会为你做好一切，我都是为你好"之类的话放在嘴边。

他会对我进行控制，限制我交友，否定我，控制我的兴趣爱好。

我一旦不听他的话，他就会用衣架、皮带打我，用脚踹我，抓住我的脚倒着甩我，还会经常拿刀威胁我。这些都是小学的事。这些暴力倒没有造成过伤痕累累的情况，程度应该没有很重。频率记不清了，印象非常深的只有3次。

我读初中后，他不敢打我了。小时候还能用教育顽皮孩子为理由打人，孩子大了就失去这个借口了吧。这时，他采用精神上的出气方式，主要是语言威胁等。

我觉得他给我带来的家庭暴力更多是精神上的。思路类似"PUA"吧，先阻断我和其他人产生亲密联系（他不让我和妈妈还有朋友们接触），然后贬低我，利用经济控制我（"你不听我的，就不给你生活费"），告诉我他才是唯一为我好的人。

三个月前，我反抗了他，然后逃了出来和妈妈住。

我逃出来之后，他一直电话骚扰我，说我没良心、白眼狼。他也会卖可怜，尝试用示弱的方式控制我，先吐苦水，再骂我没有良心之类的。他会说"我为你做了这么多，你都不看看你的父亲"之类的。又说:"没有你,爸爸就要精神崩溃了。"整个过程他不允许我插话,如果我表现出不想听,他就会辱骂我。我挂掉电话,他就会不停地一直打,我一接电话,他就骂。这种情况尤其出现在他工作上不顺,然后酗酒了的时候。每次我都有种我是他的出气沙包的感觉。

辅导要点:

1. 咨询师充分表达出对孩子的共情。

2. 询问孩子现在的安全情况,比如和妈妈住在一起,爸爸是否会突然来找她,或者到学校找她,强拉她走,等等,如果出现这种情况,她准备怎么办;和孩子一起制订安全计划。

3. 咨询师告诉来访者:家庭暴力非常常见,许多孩子都有过和她相似的经历,她不是孤独的。

4. 咨询师赞赏来访者对家庭暴力有一定的认识,咨询师肯定她用实际行动对父亲暴力行为"说不"的举动,比如离开爸爸,找妈妈一起生活。

5. 和来访者探讨:妈妈是否可以给她想要的生活;如果无法长期和妈妈在一起生活,她将怎么办;帮助孩子挖掘家庭和社会的支持资源,建立正向、稳定的照顾关系。同时,也让来访者看到,她即将成年,即将可以完全掌控自己的人生,家暴对她的影响将越来越小。

6. 咨询师和来访者分享对家庭暴力应该有的态度：零容忍。同时也告诉来访者：将父亲和他的暴力行为区分开。要反对的是他的暴力，而不是这个人。

7. 询问来访者：是否和父亲认真交流过？鼓励她用安全的方式，和父亲进行交流，告诉父亲他的哪些言行是令她反感的，是给她带来烦恼和伤害的。

8. 进一步和来访者分享对家庭暴力的认识。父亲对妈妈的咒骂，也属于对她这个女儿的精神暴力行为；爸爸用侮辱的方式咒骂妈妈，是一种性别暴力行为；暴力不能有任何借口，暴力不等于"教育顽皮的孩子"；工作不顺、喝酒都不是施暴的借口；父亲对女儿的养育同样不是施暴的借口；暴力的本质是权力和控制；每个人都有权利要求没有暴力的生活；等等。这样的讨论目的是帮助来访者树立性别平等观念，反思暴力，阻断暴力传承。

9. 帮助来访者发现自己的价值，她是值得被爱的；帮助来访者探索个人的长处，发现自己的优点和特长，建立自信心；培养来访者正向思考、自我肯定的能力；和来访者一起规划她未来的生活。这些努力有助于增加来访者的自信，消除家暴对她自信心的贬抑，走出创伤向前看。

10. 结束咨询的时候，再次和来访者确认她的安全计划，鼓励她在需要的时候随时来咨询。

案例6：面对妈妈的暴力，我选择还击

来访者：

女性，17岁，高二学生。

来访者自述：

我的父母一直感情不好，最近刚刚离婚。因为财产扯皮，妈妈最近情绪不好，经常发泄到我身上。我的学习压力也很大，还经常生病，心情也不好。

从小到大我跟妈妈总是有很多争吵，她脾气比较暴躁，不会耐心教导。她骂我通常不能就事论事，而是发泄怨气和人身攻击，所以我也经常不服气跟她争吵。我很怕做的事情不合她的心意，在她不开心的时候尽量避免去招惹她。

可是上周爆发的争吵很激烈，我也失控了。

起因是一件很小的事情。放假在家我想多拿几套衣服出去玩，换着穿，我妈看到就很不高兴，觉得我怎么这么多事，有一套不就行了，多了她还得洗。

我说："我之前说过我可以自己洗，但是你总是抢先干了，之后还要埋怨我不懂事。你能不能讲讲道理啊。"

我妈说："一天的心思也不知道放在哪儿了，就跟你那个爸一

样,指不定揣着什么心眼。"

我说:"你说我就说我,说什么我爸,这有什么关系。少把你的怨气发泄在我身上。"

我妈说:"你这么能狡辩,怎么不去你爸那讲,给他搅黄了,多要点钱。""你还没翅膀硬了,就管不了你了,你现在还得靠我养着你。"

这些话我听过太多次了,当时心里非常难受。其实最好的办法就是当耳旁风,不回嘴,但我当时的想法就是不想忍,骂回去,不管有什么样的后果。于是我说脏话骂了我妈,像是一种泄愤,因为我真的很讨厌她骂人那么难听,不想一直去迎合她。

她扯着我的头发,狠狠扇了好几个耳光,边打边骂:"要是再敢叽叽一句,我打歪你的嘴。""你要是敢这么跟你爸说话,他得打死你。""看现在除了我还有谁管你,看不上我你就滚出我的家。"

我当时也有还手。在她胳膊上抠了一条口子,别人能看见。可是她拽掉我一把头发,别人看不见。

这种暴力和压迫感是很明显的,我心里感到愤怒又无可奈何。怕把事情闹大,我就选择闭嘴了。

过了两天,妈妈又开始跟我说话,就像这件事从来没发生过一样,似乎这根本不算什么事,我也羞于再提起。但我总觉得问题没有解决,心里的坎儿也没有过去。

她在脾气上来的时候会歇斯底里，非常吓人，但是平时也会照顾我，有很亲密的时候，所以我也恨不起来她。从小到大我一直安慰自己这不算什么，但是这样的后果就是掩盖了很多的问题没有解决。真的不希望自己将来也变成一个情绪失控的人。我想知道在受到刺激的时候如何控制自己的情绪？很想知道应该怎么与妈妈相处？

辅导要点：

1. 咨询师协助来访者认清：妈妈对她，既有精神暴力，也有肢体暴力。爸妈离婚，对孩子来说很可能是一个重要事件，其负面影响的大小与爸妈之间是否相互尊重有关。从来访者自述中可以看到，妈妈一直对女儿咒骂、侮辱爸爸，这对女儿本身也是一种精神暴力。

2. 咨询师告诉来访者，暴力没有任何理由。无论是离异，还是财产纠纷，或者来访者的"错误"，都不可以成为妈妈施暴的借口。妈妈指责来访者的"错"，并不一定是"错"，即使真的是"错"，也不应该被以暴力对待。

3. 咨询师评估受害人的人身安全，从来访者自述看，暴力等级较低，尚不会构成生命危险。但咨询师也要提醒来访者，做好风险评估和安全计划。

4. 咨询师向来访者介绍家庭暴力的本质：它不是妈妈"情绪失控"，家庭暴力的背后是权力和控制，是妈妈想控制女儿。咨询师向来访者介绍家庭暴力的特点和规律：普遍性，很多孩子都像她一样受到父母暴力，甚至比她经历的还要严重，她并不孤独；持续性，家庭暴力不会自行消除，它会一直持续；循环性，家庭暴力会反复循环出现；传承性，家庭暴力会一代代传承下去。

5. 咨询师向来访者介绍，原生家庭受害人在不同年龄段可能出现的问题（结合本节前面的列举），检省自己是否已经出现了这些问题。如果已经出现，咨询师带领来访者一起面对，目的是减少家暴对来访者近期和长远的影响。

6. 咨询师带领来访者一起分析：妈妈在暴力过后几天表现得像从来没发生一样，很大程度上是她已经将暴力"正常化"，认为家庭中难免有冲突，冲突发生时自己对女儿施暴也是正常的，甚至她否认自己施暴了，而认为暴力行为属于"管教"。妈妈的想法是错误的。咨询师鼓励来访者在安全的前提下，清楚告诉妈妈暴力行为带给她的伤害，分享咨询师告诉她的家暴的特点和规律，帮助妈妈澄清家暴迷思，鼓励妈妈接受心理咨询。

7. 来访者在妈妈施暴的时候"还手"，不能理解为"互殴"，因为"还手"本身是一种自我防卫，我们不能要求受害人做所谓"完美的受害人"。但是，咨询师也要带领来访者一起反思，避免习得暴力，将暴力带入自己的日常生活中。

8. 咨询师表示理解来访者对妈妈既爱又恨的复杂情感，告诉来访者：这种情况在受暴孩子的身上非常正常。我们要反对的是加害人的暴力行为，而不是加害人本身。所以，受暴孩子可以既爱父母，又反对他们的暴力行为。这并不矛盾。而且，妈妈之所以成为加害人，也因为她的原生家庭中存在暴力，她自己是暴力受害者，又传承了暴力，她和女儿的亲子关系也因为暴力被破坏。我们可以在反对她的暴力行为的同时，同情她个人。

9. 咨询师陪伴来访者探索家庭和社会支持系统，如何制止暴力，以及是否可以离开加害人生活。咨询师分享《反家庭暴力法》对于保护受暴孩子的法律规定，分享她可以在必要的时候报警求助，以及警察会采取的措施。咨询师鼓励来访者在充分评估之后，充分利用法律等社会资源。

10. 咨询师帮助来访者挖掘自身正向的资源，认识到自己的力量，推动来访者形成积极、正向、自信的人生态度，处理好自己的情绪和学习等面对的问题，规划好人生。咨询师鼓励来访者："你已经高二了，很快就成人了，就可以离开原生家庭，也离开暴力关系了。所以，你现在要做的是完善提升自己，为独立生活做好准备。"

11. 来访者想学习控制情绪，学习和妈妈非暴力的相处方式，咨询师肯定来访者促进亲子关系的美好愿望，同时要告诉来访者：对家庭暴力应该"零容忍"，容忍意味着纵容，不仅不会减少家暴，反而可能使家暴增加。在这个基础上，咨询师可以和来访者分享"情境—想法—情绪"行为链，即一个暴力事件都是先有一个高危的情境，当事人对此产生高危的想法，从而推动了高危的情绪，如果这三个环节没有得到解决，就会出现暴力行为。咨询师在和来访者讨论过行为链后，进一步分享正向思维、正向自我对话、积极沟通等技术。咨询师应该强调，这些技术的学习有助于她未来的亲密关系，但是，家暴不是"家庭纠纷"，是对人权的侵犯，所以这些沟通交流技术不适合应用于家暴领域。

12. 咨询师在结束辅导之前，要告诉来访者，按法律规定咨询师是有义务报警的，但咨询师会尊重来访者的意见，前提是确保来访者的安全。咨询师告知来访者：她随时可以再次来求助。

第五章　成年原生家庭受害人的心理辅导

本章讨论的成年后原生家庭受害人，包括曾经在未成年时目击、经历原生家庭暴力的成年人，也包括正在经历父母暴力的成年人。现实中，前者更常见。而且，后者通常在未成年时也不同程度地经历了家庭暴力。

未成年时经历家暴，在成年之后可能会延续的一些问题，这是咨询时应该着重解决的。这些问题可能包括但不限于：

1. 成年人身上暴力的延续，认为暴力是解决问题的好办法，认为"我必须掌控所有的事"；在约会关系里对伴侣施暴，或有操控行为。

2. 因目睹或承受家暴而产生的有偏差的不公平的性别观，如认为男的强壮可以欺负人，女的柔弱可以被欺负。

3. 因为早期的阴影造成的现在的人际交往的缺陷，如暴力、冷漠等。

4. 原生家庭暴力经历对于现在的婚恋的负面影响，如渴望伴侣关系但惧怕，不敢发展深入的亲密关系，想要孩子又抗拒，等等。

5. 家暴引起的自卑感，怕做错事情，不敢面对未知的结果等，如恐惧婚姻家庭以及伴侣关系；自我价值感低；以暴力来处理人际关系；错误而僵化的两性互动态度，不平等的性别关系。

6. 其他问题，如不可理喻地发脾气；喜欢攻击、嘲弄同事，不受欢迎亦无所谓；认为人生乏味，有自杀想法；出现偏差行为：撒谎、打架、偷盗、结伙、吸毒、参加帮派、逃学逃家，等等。

第一节　成年原生家庭受害人辅导要点

成年后原生家庭受害人辅导，与伴侣暴力受害人辅导的最大差别，在于要处理受害人从原生家庭暴力中带来的影响，如难以开展亲密关系、自卑，等等。他们中的一些人，也会成为加害人，这部分更多会放到加害人辅导中涉及。

成年后仍然在被父母暴力对待的受害人，和伴侣暴力中的受害人一样的地方是要走出暴力，不同之处在于，因为加害人是父母，所以在情感上、面对暴力的方式上，有更多的影响因素。

总体而言，我们希望通过个体咨询或团体小组，做"事后补救"，即帮助这些受害人消解暴力阴影，让他们更加开心、快乐、自信，使他们能够顺利地开展亲密关系。暴力具有传承性，有调查显示，很多原生家庭中目击与承受家暴者，成年并进入亲密关系后复制了来自原生家庭的暴力模式。暴力有习得与代际传递的特点，所以我们工作的一个重要目标是阻断暴力的传承，即让他们自己不再成为加害人和可能的受害人。

以下的辅导要点，主要是针对未成年时目击、经历原生家庭暴力的成年人的，但对于辅导正在经历父母暴力的成年人，也同样具有启发性。

1. 咨询师确认来访者所受家暴的情况，它是完全属于过去的创伤，还是也包括正在进行中的暴力。如果有正在进行中的暴力，则要先应用家暴受害人心理辅导的要点进行处置，同时结合本节的咨询要点。如果完全是未能疗愈的旧日创伤，则主要参考本节所述咨询要点处置。

2. 结合来访者经历的家庭暴力，帮助来访者认识家庭暴力的实质、特点、形式、规律，这有助于来访者理解自己曾经经历的暴力，澄清对于家庭暴力的迷思。

3. 鼓励来访者直面家暴经历，认清并分享自己的情绪体验；联结自身因受暴经历而受到影响的部分，看到自己受伤的部分。

4. 说出愤怒，通过表达来转化创伤。可以对加害人说出愤怒，可以对咨询师说出愤怒。咨询师共情来访者。说出愤怒与忧伤的过程，就是自我疗愈的过程。

5. 承认当年受暴是非常困难的，因为那段经历对来访者是非常不公正的。但是欣赏和感谢自己能够活下来。

6. 尝试放下、和解、宽恕。咨询师和来访者分享如下理念：暴力的父母，也是他们成长环境的受害者，是他们父母暴力的受害者；他们对我们的方式，他们自己也受害了；我们应该恨的是他们的行为，不是他们个人；放下恨，不等于原谅加害人的过错；重要的一点是，我们以后不要再继承他们的这些行为。咨询师可以请来访者回忆最不能谅解父母做的三件事，结合前面几条进行讨论，如果此时来访者觉得能够放下了，就撕掉它，扔到纸篓里。如果仍然不能放下，也是正常的，给自己时间，不急于解决。

7. 思考"我是谁"，建立自信，规划自己的生活。咨询师帮助来访者联结个人最有力量、最自信的部分，看到自己的力量。咨询师可以陪伴来访者梳理"父母给我的'遗产'"，将一张白纸从中间对折，分别写下"父母给我的正面影响，我愿意去影响我的孩子的""父母对我的负面影响，我想抛弃的"，然后将想抛弃的部分撕碎，将想传承的部分珍藏。咨询师请来访者勾勒 10 年后的自己和自己的家庭，可以用绘画的方式，也可以用口头描述的方式。

8. 咨询师介绍青少年时期经历原生家庭暴力对受害人成年之后可能产生的影响，同来访者一起检省哪些影响发生在了自己身上，从而去处理这些影响。比如，培养性别平等意识和思维，学习调节情绪的技术，学习正向思维、沟通的技术，等等。

第二节　成年原生家庭受害人辅导案例

案例1：我不敢恋爱结婚，更怕生孩子

来访者：

女性，20多岁，未婚。

来访者自述：

父母在我还小时，经常因为一些琐事吵架，激烈时还会摔东西、动手，甚至动刀子。就算爸妈动手打架，妈妈也不会躲避。我让她躲一下，她就说："我看他能打死我吗！"妈妈和姑姑、奶奶的关系也不好，有一次爸爸、大姑、小姑一起打妈妈，从那以后父母感情更不好了，闹到了要离婚的地步。那次对我的打击也很大，觉得很害怕。

妈妈容易动怒，对我的态度也不太好。她偏心弟弟，有时会和弟弟说我脾气不好，像我姑姑。小时候妈妈经常打骂我，有一次她打我，我都崩溃了。最近几年才没有再挨打。

爸妈打架，自己和弟弟做得最多的是劝解，劝他们彼此妥协，好好交流。妈妈对我的打骂，也只是通过躲和逃来解决。

我做什么家里人都爱指责我，所以不愿与家人有过多的交流，只希望自己住在单位，一个人生活。我也不愿意恋爱结婚，有抵触心理，害怕自己以后结婚了，成为语言冷暴力的加害人，或者成为受害者，害怕挨打。

表姐的婚姻很不幸，有一次吵架到了喝农药的地步。表妹的婚姻还算幸福。我就问表姐，为什么你和表妹不一样？表姐说这都是命吧。她说完后我感觉我更恐惧婚姻了。

辅导建议：

1. 咨询师肯定来访者来做咨询的行为，专业的咨询辅导有助于减少家暴创伤，协助她走出暴力循环。咨询师了解来访者现在是否仍然处于家暴中，如果是，按受害人辅导方案进行。

2. 如果只是处理青少年时期的暴力创伤，则咨询师协助来访者一起认清她经历的家庭暴力，来访者妈妈对她有精神暴力和肢体暴力，来访者还是爸爸对妈妈暴力行为的目击者。咨询师向来访者介绍家庭暴力的实质、特点、规律，提升对家庭暴力的认识。咨询师帮助来访者全面清理她关于家庭暴力的迷思，家庭暴力不是简单的家庭纠纷，不是妥协和交流可以解决的。家庭暴力是对基本人权的侵犯，对家庭暴力应该"零容忍"。如果受害人面对家暴不愿声张，宁可隐忍，只会助长加害人的气焰。

3. 鼓励来访者直面曾经的家暴经历，认清并分享自己的情绪体验，看到自己受伤的部分。咨询师鼓励来访者向父母普及家暴知识，说出他们当年的暴力是如何伤害到他们自己，也伤害到她。

4. 咨询师鼓励来访者尝试放下、和解、宽恕。咨询师和来访者分享如下理念：暴力的父母，也是他们成长环境的受害者，是他们父母暴力的受害者；他们对我们的方式，他们自己也受害了；我们应该恨的是他们的行为，不是他们个人；放下恨，不等于原谅加害人的过错；重要的一点是，我们以后不要再继承他们的这些行为。

5. 咨询师鼓励来访者立足当下，思考自己未来的人生。当年，幼小的她不仅自己承受着家暴，还试图劝解父母间的暴力，说明她是有力量的，现在一样有力量开创自己新的人生。咨询师帮助来访者挖掘成功的经验，联结个人最有力量、最自信的部分，看到自己的力量，规划未来的生活。

6. 咨询师理解来访者现在害怕走入婚姻的心理，向她介绍原生家庭暴力对孩子成年后的影响，其中便包括传承暴力、害怕开展深入的亲密关系等。咨询师协助来访者认识到，并不是所有原生家庭受暴的孩子都会传承暴力，是否传承暴力与其对家庭暴力的认识和态度密切相关。来访者从小便拒绝、憎恨暴力，她现在主动咨询，这些都有助于进一步提升对家暴的认识，消除家暴的负面影响，从而阻断家暴传承。

7. 咨询师帮助来访者认识到：家庭暴力确实普遍存在，但是，也并不是所有家庭中都存在家庭暴力。绝大多数的婚姻和家庭都是幸福的。亲密关系可以给人生带来非常重要的力量，是生命中重要的价值之一。所以，每个人都有权利追求好的亲密关系。即使在未来的亲密关系中会面临这样那样的问题，人们也可以通过学习去努力改变，而不应该畏惧进入亲密关系。比如，来访者现在就可以学习调节情绪的技术，学习正向思维、沟通的技巧，等等。

8. 咨询师向来访者询问她弟弟的情况，毕竟他也是这个暴力家庭中的当事人，而且年龄更小。建议来访者弟弟也来做辅导，清理原生家庭带给他的创伤。

案例2：父亲的家暴至今仍影响我

来访者：

女性，40岁，心理咨询师，未婚，有一弟弟。

来访者自述：

我妈妈在我5岁和12岁的时候，我救过她两次。5岁的时候，我爸爸打她，她想上吊。我抱着她的大腿，我还记得，她衣服的样子和背小孩的绳子，她上吊的绳子是什么样子的，那个东西太深刻了。12岁的时候,他们两个夜里吵架到很晚,我一直没敢睡觉。当时住的南方的单人房,楼道是开放的,是栅栏,可以跨出去。我们家是四楼,她要往下跳,我抱着她。

他们50多岁的时候,我爸的家暴就变本加厉,打得非常狠。

后来他们去法院离婚了,这在小县城里非常困难。父亲不同意协议离婚,分居时经常骚扰我妈,如半夜打电话,发出鬼一样的叫声。分居了两年,在我和我弟的帮助下才和他分开。在他们离婚前,我父亲的暴力升级了很多倍,比如把她的头发抓起来往墙上撞,抓着她的脚从一个房间拖到另一个房间。他是情绪极端容易失控的男人,在他失控的情况下,完全换了一个人格。

我小时候他也打我,打我弟,没有打我妈那么厉害。但他情绪容易失控,突然就爆发,就打你脸啊什么的。在他们离婚前那段时间,我回过一段时间老家,他也很凶地打过我。他们离婚之后,他觉得我是始作俑者,支持我妈离婚,就拿着拖鞋从家把我打到街上。他那几年真的像恶魔一样,极度地骚扰我,几乎每天一大早给我发短信,打电话给我的研究生导师,给我当时工作的同事,给我所有的老师和他认识的我的同学。

他极度地不尊重个人隐私。比如我到高中时,睡觉不允许我关房门,后来我要求关,但他必须把钥匙插在外面,就是他随时可以进入你睡觉的房间。还有半夜会进来找东西,把灯打开,不管你在不在睡觉。他会翻看我所有抽屉里的东西，查看我的信件。如果有男同学给我写信，那简直是天大的事。这对我来说是一个很重要的问题，就是他没有界限，在他那里，你是我的孩子，什么东西我都应该看。

我上小学以后，他会深夜检查我的作业，觉得哪儿不对，比如数学题做错了，字写得不好，就会猛地一掀被窝，揪起来就打。这对小孩来说很奇怪，因为有时候睡得正香，晚上十一二点，哪怕一点，他都不管。我小时候就经常睡眼惺忪地从被窝里被揪出来，冬天还是什么时候，灯是突然亮起来的，那种感觉，然后就被打了，不知道什么原因，醒来才知道是功课不对，要重写。

我有一段时间非常想成为一个画家，很爱画画。然后我爸在我大概初中或者小学五六年级的时候，对我有一个侮辱性的举动。有一天回家，他把我书包里画画的纸片，在家里贴了一圈，然后开展览，让邻居来看，说她画的是个什么东西，很羞辱的那种。他会做一些，对小孩的人格来说，如当众羞辱等非常有侮辱性的事情。

我爸打人会打脸和打脑袋，忽然就一个耳光打过来，这个在我和我弟小时候的记忆里，都是很正常的。他不会打到你鼻青脸肿、出血，他都是教训式的，但是频率很高，一个礼拜有一到两次。

我父亲是农村出来的，他家庭里亲兄弟都是打老婆的，他是一个家暴家庭的成员。他有三个哥哥，有两个很爱打老婆。我的三伯伯在农村，性格比我爸还要暴烈，他娶了一个残疾老婆，就是腿有点问题，他经常性地打老婆，打得比我爸打我妈要狠，因为她残疾，他觉得没有面子。我伯伯的孩子，也有打老婆的。

我爸五岁的时候，他父亲就去世了，他妈妈很溺爱他，因为他是最小的。他妈妈脾气很好，他受到最重要的影响应该来自他的兄弟，特别是他三哥，就像他的偶像一样，他任何事情都听他的。我小时候，他们两个当着我的面聊天，他三哥就不停地对我爸说，老婆就要打。

他们在讨论老婆就要打的时候，还指着我父母的结婚照。因为我爸是长相很普通的男人。而我妈在结婚照中显得很漂亮、很年轻，他三哥说你这样的老婆，不打怎么会乖。这个一定对我爸是最直接和最有效的影响，他就觉得很优秀的老婆，很漂亮，不打她可能会出去乱搞。

他喝完酒就睡觉，经常醉醺醺的，但不会酒后施暴，反而很安静，他都是在极度清醒下打人的。我觉得我跟我家庭对他的纵容，是他暴力升级的一个重要原因。因为没有他害怕的人告诉他，这个事是不对的，没有人让他感觉做这个事是会坐牢的。

我爸打我妈，事后是忏悔、痛苦，会求饶、道歉，我妈要离婚，他跪下来求她。但我爸从来没有真正意义上觉得自己是错的，他的忏悔只是怕我妈离开他，因为我妈是个很好的女人。他没有真正意义上的反思,一直到现在,他后来又再婚,现在的老婆也不跟他在一起,不知道是不是也因为暴力。他也没有真正意义上,在我和我弟面前讨论过这个事情。

我们从来没有报警,没有打过110,就是喊邻居,因为家丑不可外扬。到最后离婚也没有报过警,不知道报了警有没有用。小县城和大城市的观念不一样,我都不知道要报警。等到他们快离婚了,我也不小了,读研究生了,都没有这个意识。我会后悔,但真的不知道这个东西有用。因为我们对警察是很防范的,小县城里谁都认识谁,好像没有用。

我爸跟我妈在一起很冷,他发自内心的阴冷和势利。比如他不让我妈穿裙子,不让她化妆打扮,烫头发,就是不让我妈漂亮。我爸天蝎座,嫉妒心非常强,他会到她上班的地方监视她,会戴着摩托车的头盔在她办公室走一圈,很阴的。

我现在有个男朋友,他很健康,希望我要一个孩子。他本来有孩子,现在离婚了,我们在一起。我们各自经历了一些生活,我自己面临人生的一个新节点,对要孩子这个事情还非常地犹豫。其实我知道我会是一个非常好的母亲,我男朋友也是非常好的一个人,跟我父亲完全不一样,他不应该受这样的委屈。我很想把这个问题专业地解决掉,家庭暴力的阴影不应该连累到我现在的对象。

辅导建议：

1. 咨询师对来访者应该充分地表达赞赏与肯定。因为她事实上一直在对家庭暴力说"不"，也一直在反思家庭暴力带来的伤害。妈妈自杀，她两次救了妈妈；她坚定地支持妈妈离婚；对爸爸的暴力行为绝不纵容……这些都非常难得。

2. 当然，受时代和个人年龄的局限，她当年也存在一些关于家庭暴力的迷思，比如认为爸爸施暴的时候"情绪失控"，其实加害人是可以控制的，只是不想控制；比如不敢求诸法律保护等。但是，总体来讲，她反抗暴力的态度非常坚定，这是非常好的，也是她和妈妈、弟弟走到今天的重要保障之一。咨询师可以协助来访者进一步厘清家庭暴力的实质、特点、规律，比如在她爸爸的身上，家庭暴力的传承性、持续性、循环性、歧视女性的性别观等，都表现得淋漓尽致。

3. 咨询师和来访者明确：当年她爸爸对妈妈实施的暴力，属于高危险型暴力，妈妈是面临生命危险的。爸爸对她本人也有非常严重的肢体暴力和精神暴力。她目击和承受的这些暴力，对她来说都是非常严重的伤害。但是，她仍然勇敢地面对，说明她非常有力量，非常勇敢。

4. 咨询师也应该肯定来访者的母亲，她在一个对家暴没有足够认识、对女性有很多束缚的地方生活，她不顾各种阻拦，仍然坚持要离婚，并成功地从这段暴力关系中解脱出来，她是一个非常有勇气、有能力的现代女性。

5. 来访者现在最大的困扰是，原生家庭暴力的阴影使她现在在考虑是否要孩子时瞻前顾后，难以下决心。来访者很有可能是担心自己习得了暴力，不能正确对待孩子。咨询师应该告诉来访者：许多受暴家庭的孩子都与她一样，有过类似的艰难选择，但他们中许多人走入婚姻、生育孩子后，与自己的孩子非常亲密，并没有暴力。主要原因是，他们的内心早就形成了反对暴力的态度。来访者自己反暴力态度一直非常清晰，所以相信她通过努力，一定会成为一个好妈妈。遭受过暴力的人并不一定都变成加害人，有过惨痛经验教训的人，在处理自己的亲密关系、教育孩子上，也许更懂得什么是爱，更知道应该拒绝暴力。关键是要对自己有信心，积极面对生活，不要害怕尝试新的关系和可能性。

6. 咨询师协助来访者，进一步探究原生家庭暴力对她的影响，找出那些她可能自己并没有意识到的创伤，这有助于全面清理家暴阴影，也能更好地处理眼前是否要孩子的问题。

7. 咨询师带领来访者找到自己的优势所在，更好地规划人生。咨询师可以陪伴来访者梳理"父母给我的'遗产'"，将一张白纸从中间对折，分别写下"父母给我的正面影响，我愿意去影响我的孩子的""父母对我的负面影响，我想抛弃的"，然后将想抛弃的部分撕碎，将想传承的部分珍藏。这个仪式性的活动，目的在于鼓励来访者告别过去，向未来出发。

8. 咨询师询问来访者弟弟的情况，必要的话，也请他来做辅导。

案例3：今天虐狗，明天会虐子吗？

来访者：

女性，23岁，未婚。

来访者自述：

我对家里的宠物有时候会有一些暴力行为，是小狗，但也不算太小，反正不是大型狗。我觉得不太正常，有一点虐待狗的感觉。就是可能经常，比如说我叫它过来，它不过来，或者出了门它不愿回家，我就比较生气，回来无聊的时候会打两下，不是特别严重。我对它这样，自己心里也不好受，有点感觉控制不住，但是它叫了，我可能就停了。

我害怕自己有暴力倾向，比较担心以后会不会对孩子有影响。我现在是在恋爱，计划结婚后要生小孩。我跟男朋友谈恋爱两年了，狗是我们俩一块儿养的。平时在一起的时候，我经常对他有一些肢体动作,比如说摸两下或是捏两下、掐两下那种,但是尽量控制力道,不会那么重,对他还好,有时候对狗不太好。

我们俩发生争执时,我不会想要对他有暴力行为,就是平时打情骂俏的时候会有。我们俩也很少发生争执,但有时候会有那种,比如说两个人意见不合啊,或者怎么样的,可能我就有那种冲动。

我就是怕自己心理有什么问题,怕以后自己生小孩之后,万一要是对孩子有这种情况的话,挺不好的。我也不知道为什么会担心,可能就是我在欺负狗的时候,感觉那个时候不是自己,就觉得自己很难控制,觉得自己很可怕,怕这个东西会扩大。用不用,比如说就是做一个计划或是什么的,严禁这种行为再出现?

我父母之间并没有暴力,但小的时候他们打过我,上初中之后就没再打过,就是小学的时候有过。怎么说呢,可能多少对我有点影响,但不是特别严重吧,或者我自己也不清楚。在当时来看的话可能还是挺委屈的,现在回忆起来说一点感觉都没有的话,也不可能,但是应该还好吧。

辅导思路:

1. 咨询师赞赏来访者关注自己的暴力行为,以及对未来的孩子负责任的态度。

2. 咨询师应该指出:来访者说自己只有"暴力倾向",是不对的。她已经有暴力行为了。对狗的暴力，是暴力；对人，也有暴力行为了，只不过来访者在提及的时候都有意淡化了暴力行为，这已经是家庭暴力加害人的特征。咨询师引导来访者更清楚地认识自己。

3. 咨询师协助来访者一起分析为什么会担心未来有暴力行为。很显然，因为来访者在原生家庭中承受过暴力，而且这个暴力行为已经传承了，在她的身上体现出来了。

4. 咨询师和来访者深入探讨原生家庭暴力对她的影响。在前面的自述中，来访者轻描淡写，但实际情况肯定不是如此。她现在的暴力表现，以及对未来的担忧，主动来咨询，都说明原生家庭暴力对她的伤害其实很深。咨询师给来访者足够的共情和支持，鼓励她挖掘原生家庭的暴力创伤。

5. 咨询师协助来访者逐一厘清原生家庭暴力创伤，认识家暴实质，澄清家暴迷思，拒绝暴力传承，挖掘自身的正能量，等等。

6. 咨询师再次肯定来访者的主动咨询行为，她在进入婚姻之前，便开始担心对未来的孩子有暴力，主动寻求改变，这说明她内心是非常憎恶暴力的。有了这个基础，加上认真学习，努力改变，相信她一定可以放弃暴力。从来访者的叙述来看，现在问题还不是太严重，有这种敏感度，有这种警惕的意识，是非常好的，因为暴力最好是防患于未然。

7. 咨询师同时要提醒来访者，她也应该正视对男友的暴力。建议跟男友开诚布公地谈谈，了解他的真实想法，而不是自以为自己仅有一些"肢体动作"。

8. 咨询师和来访者分享人际交流沟通的技能，学习控制情绪的技术，分析她的"情境—想法—情绪—行为"链条，制订不施暴的计划，从现在开始，训练自己在生活中自觉地放弃暴力。

案例4：工作后，我终于对妈妈说"不"

来访者：

女性，45岁。

来访者自述：

我父母在我12岁那年离了婚，感觉那就是人生的分水岭，在此之前，父母的争吵、打架是常事，经常有居委会或110的人过来。那是20世纪80年代，人们还是相信宁拆一座庙不破一桩婚，大抵劝和不劝离。

父母打架除了语言暴力外还有肢体暴力，包括动用剪刀、炒锅等工具，那个时候我会抱着弟弟躲在桌子下面。他们不吵不打的时候，家是冷战的战场，父亲回家就直奔他的卧室，关上门不出来，偶尔出来伴随的是扑面而来的烟味，基本上没有和子女的交流。母亲是个有着非常严重重男轻女思想的人，以前曾经为了谁要生儿子这个问题和父亲辩论，但那已经是破不了的陈年旧案。

母亲在父亲那里是吃亏的，毕竟打不过父亲，作为家暴的长期受害者，她也变成了一个加害人，我相较我弟来说，是最不重要且最弱小的一环，没有人保护也没有人为我说话，所以我成了一个父亲暴力的"代偿"者，父亲怎么打她，她怎么打我，有时候用棍子，有时候压在我身上，有时候把我的头顶在墙上，我永远也忘不了那张狰狞的脸。有时候可能就因为一道题做错了，她会把我赶出家门，这让我从小没有归属感，总感觉随时会被人抛弃。

我唯一的避难所是外婆家，至少这个世上还有外婆爱着我，会带我去做衣服，给我买好吃的，会给我买好看的发夹，而这些都是我在母亲那里求之不得的。父母离婚的消息也是外婆告诉我的，当时我第一反应是终于解脱了，然而我还是太天真了，等待我的仍然是苦难。

离婚后，母亲一心想把弟弟带在身边，终于如愿以偿后，我仿佛成了家里多余的那个人。我读高中的时候，住的是二室一厅，母亲睡1.8米的床，弟弟睡1.5米的床，我睡阳台的折叠钢丝床，铝合金窗挡不住风雨。我放假的时候，母亲早上离家前会在我床头扔50元钱，要我去菜场买菜，做好饭等他们回来吃，那几年我的假期就是这么过的。我感觉到家人的忽视和冷漠，有时候她和弟弟站在一起面对着我，就像我只是个可有可无的外人，甚至对我恶言相向，摧毁我的可怜的自尊心。

读大学后，虽然学校离家并不算很远，但是我毅然离开家，选择住学校宿舍，但是那个时候我没有经济来源，每个月的生活费还得问母亲要。然而和小时候一样，她的控制欲还是很强，一旦不听她的，她会断了我的生活费，把我赶出家门，我只能向朋友同学借钱，那个时候觉得自己很羞耻，很可悲。

大学毕业走上工作岗位，想着终于有自己的收入了，可以不用看她的脸色，但是她想着送弟弟去英国留学，所以想让我把工资交给她，她再给我生活费，但是我怕了，我断然拒绝了这个要求。母亲始终对我是不满意的，在外婆家的亲戚面前说我不懂事不听话，导致亲戚们始终对我有偏见。母亲干涉我的婚姻，在男方家诋毁我，在我离婚分财产的时候，她不仅没有安慰我，反而弃我而去。这些事日积月累，我对她早已失去信任和爱，我想问她，既然不喜欢女儿当初为什么要生下来？难道就是为了养儿防老？难道就是为了给弟弟做个陪衬？那对我公平吗？

肯定是当年家暴创伤的影响，导致我难以维持一段长久的亲密关系。还有就是人际关系的问题，很难有知心的朋友，和别人交往感觉有困难。不知这些是否还可以解决。

辅导思路：

1. 咨询师要肯定来访者来咨询的行为，她能够清醒地认识到家暴对她的影响，并且寻求改变，这就具有改变的希望。

2. 咨询师充分共情来访者经历的苦难，她所经历的是非常严重的家庭暴力，包括精神暴力、肢体暴力、经济控制。咨询师向来访者介绍家庭暴力的本质、特点、规律。家庭暴力的受害人，成年后的生活都会受到不同程度的影响，来访者自述难以建立长期的亲密关系、人际交往存在问题，都是非常常见的情况。这是家庭暴力带给她的，她是受害者，不需要因此感到自责、自卑、自我怀疑。

3. 咨询师赞赏来访者在经历那些严重暴力的时候，还能够保护弟弟，能够到外婆那里寻找温暖，能够考上学……这都说明她具有强大的内在力量，生命的韧性很强。要知道，许多经历严重家暴的孩子都没有活下来。至于学业荒废，出现各种精神问题，人生被毁掉的，就更为常见了。来访者能够自强不息，非常难得、宝贵。

4. 咨询师赞赏来访者在工作之后对妈妈的要求"说不"，拒绝妈妈对她继续进行经济控制。这也意味着，来访者已经走出了暴力关系，妈妈不再像以前那样能够用暴力控制她了，这是值得祝贺的事情。

5. 咨询师带领来访者一起检讨，除了无法维持长期的亲密关系、人际交往障碍之外,是否还有其他家暴的影响?认清这些影响的存在,直面它们,本身就是开始和这些影响切割。咨询师可以和来访者一起举办一些仪式性的活动,如在纸上写下父母带给自己的负面影响,将它撕碎,扔到地上,用脚在上面反复踩踏。

6. 咨询师可以使用"空椅子"[1]技术,让来访者说出对父母,特别是妈妈的恨。同时也提示来访者,妈妈也是家庭暴力的受害人,她自己也因为家暴受了伤害。咨询师告诉来访者:你可以选择永远不原谅她,但你不能让恨意一直影响自己开始新的生活。咨询师鼓励来访者和过去的生活决裂。

7. 咨询师帮助来访者认识到自己内在的力量,这力量曾在暴力环境下帮助她活下来,走到今天,也一定可以帮她在今天开创未来美好的生活。咨询师和来访者进一步规划生活。

8. 咨询师针对无法维持长期关系、人际交往障碍,同来访者分享一些新的技能,并告知这是一个长期学习的过程,要坚持不懈。

9. 适当的时候,咨询师询问来访者弟弟的情况,他同样是在暴力家庭中成长的,同样需要得到帮助。

---

[1] "空椅子"技术,心理咨询中使用的一种技术,常常运用两张椅子,要求来访者坐在其中的一张,假想另一张椅子上坐着他对话的对象,在本案例中便是来访者的父母。来访者对空椅子说出自己面对真人时想说而未说出的话,目的就是帮助当事人分析体验自己和他人的情感,接纳和整合彼此,使冲突得到解决。

案例 5：我用肢体暴力，回应妈妈的精神暴力

来访者：

女，24 岁，未婚。

来访者自述：

我是一个普通女生，今年 24 岁。我要说的家暴并不是男性针对女性的性别暴力，而是发生在我和妈妈之间的暴力。前几天我们争执以后，发生了肢体冲突，因为有爸爸在，所以不是很严重，只是有部分小物件和纺织品，被我"飞"了出去。

这不是我们家第一次。前几年我在大学期间，父母之间发生过两次家暴，中间间隔大约半年，当时我妈认为是我爸酒喝多了。

后来可能隔了一两年，我记得是元旦的时候，我跟我妈第一次吵架到打架。看上去我跟我爸是暴力血液的一脉相承，但实际上我和我爸都是脾气十分温和的人，很容易满足的人。

家里压力最大的是我妈，她是家里的经济支柱。我妈妈脾气很不好，对家里人口无遮拦到没有底线。比如我初中升学时她很操心，但表达出来的却是："你不要读就去站街好了。"我可以理解妈妈的焦虑和担心，但这种话确实很难接受，现在她也常常爆出一些突破我承受范围的话。虽然她常打击到我的自信心，不过因为成长

中其他一些原因，我对体制里的"第一""优秀"也不太在意，过得比较自由散漫。

坦白讲，我看到李阳在采访里说"一只碗不响，两只碗叮当"，其实是认同的，如果精神暴力也是家暴的一种，那么我和我爸就是长期受到精神暴力以后，用肢体暴力来抵抗。我和妈妈第一次打架以后，甚至开始理解当时的爸爸。那是一种你想逃走却被一把抓回来（比如"你走了再也别回来，就断绝关系"），你想辩解却被亲情绑架（比如说家里某项支出还有学费生活费都是她负担），你发火了却被指责连狗都不如（"养条狗还知道摇尾巴"），基本就是被这个套路逼到"咬人"的。

我不是要正当化自己的行为，我自己心里很复杂。有很多方面，其一这是不孝；其二我们平时关系没那么差，甚至感情很好；其三我觉得一直是我单方面在改变。上次失控以后，我诚心分析了自己不考虑别人、不懂事的缺点，确实对家人上心了很多，可我妈还是老样子。这次我们虽然和解了，她还是一直指责我太肤浅，总是纠结她的一两句话，但我不是什么自卑的青年，也有适当的自信。

我对改善跟妈妈之间的关系很无助，自己单方面示弱检讨，恐怕只能进入"认错—争执—被贬低—打架"的死循环。我也不是第一次心平气和地想跟妈妈沟通，想让她改善一下表达方式，但她已经从"我就是这样的"发展到"我就是这样的，你这样都受不了外面更混不好"的态度。我也想大家保持距离一走了之，但现在走太伤感情，也不解决问题。

我是真心想解决这个问题。去年动过一次手术以后，原本人生苦短、闯荡天涯的少年情怀变成了对家和家人的很多依恋。现在身体恢复好了，又感到不会再在父母身边很久，搞成现在这样，心里实在痛苦。

辅导思路：

1. 按来访者自己的说法，自己是"以暴制暴"，以肢体暴力回应妈妈的精神暴力。咨询师应该化解来访者的自责，澄清迷思。在长期受母亲暴力之后，来访者的肢体暴力可以理解为一种"反应型暴力"，又称抵抗型暴力。妈妈加害人的身份，来访者受害人的身份，并没有改变。来访者的肢体暴力，是为了阻止妈妈的精神暴力，因此不能说来访者是对妈妈施加了暴力。在两人的关系中，妈妈还是加害人，来访者还是受害人。

2. 咨询师全面地向来访者介绍家庭暴力的本质、特点、规律。家庭暴力的本质是加害人以暴力对受害人进行长期控制，具有持续性、循环性的特点。在此案例中，妈妈对来访者的暴力符合这些特点，但来访者的反应型暴力并不具备这些特点。虽然妈妈使用的是精神暴力，来访者的抵抗方式是肢体的，但我们不能假设肢体暴力的伤害一定大于精神暴力的伤害。

3. 咨询师向来访者介绍：她对妈妈又爱又恨的矛盾情感是正常的，所谓平时感情好也不影响家庭暴力的实质。但单方面的"调整"，她的示弱、检讨，只会助长妈妈的暴力。她可以将妈妈和妈妈的暴力行为分开思考，在爱妈妈的同时憎恨她的暴力。

4. 同来访者讨论如何走出暴力循环。来访者已经意识到，反应型的肢体暴力无法真正阻止妈妈的精神暴力，所以可以考虑用其他的方式拒绝暴力。比如离开妈妈，独立生活，就是一种拒绝暴力的方式。咨询师同来访者讨论还有哪些选项，以及每一个选项的利害，最后尊重来访者自己的选择。

5. 咨询师同来访者一起检省：家庭暴力的阴影在她的身上有哪些体现？帮助来访者进一步澄清迷思，这样她才能够更好地消除家暴对她的负向影响。来访者长期处于母亲的暴力下，已经出现自卑等情况。咨询师协助来访者挖掘自己正向的、积极的力量，走出暴力关系，规划好自己的生活。

6. 咨询师建议女儿，应该鼓励妈妈和爸爸都来做咨询。爸爸也是受害人，很可能同意来咨询。作为加害人的妈妈，没认识到自己的问题，可能会拒绝咨询。来访者可以买一些有关家庭暴力的书，或在互联网下载相关文章给母亲看。虽然不一定有效果，但也不失为一种努力。

案例6：父亲对同性恋儿子的精神暴力

来访者：

男性，21岁，大学生。

来访者自述：

我是同性恋者，我爸爸知道后，对我施行了家庭暴力。他说："如果你不改变同性恋这个心理倾向，我就和你断绝父子关系。"然后又说了一些恐怖的事情，比如说他要自杀、我对不起老人，等等。今天他又告诉我："如果你不改变过来，我就和你妈离婚，我们都孤独到老，我永远也不理你，还诅咒你。"

他对我实施的大多是精神暴力，包括无限辱骂、诅咒、呵斥，还有借我妈妈来要挟我。他想让我觉得我对不起他，希望我感到愧疚，把所有责任都往我身上推，让我觉得一切都是我的错。但是我不是傻子，我知道该负什么责任，不该负什么责任。

我高中的一些朋友，我早就对他们出柜了，他们支持我。

如果性倾向有可能改变，我还会告诉他们吗？正是因为无论如何都不能，即使杀了我也改变不了，我才和他们说的呀。我准备对父母出柜时，已经做了最坏的打算。我看过别人很多出柜后发生的惨痛经历，比如被囚禁在精神病院。

我出柜是慎重的。妈妈对于我的性倾向曾经是接受的，但是看爸爸那个样子，尤其是我爸得了癌症，就说："你父亲身体一直都不好，为了他，你也得想办法改呗。"我爸爸已经把我逼到底线了，我估计下一步他就会要求我去心理诊所或精神病院治疗，或者要求我领个女朋友回家结婚。对我来说那就意味着我所有的生命灵魂都不可弥补、不可愈合了，距离那一步其实也就只差一步而已。

我希望和爸爸交流，给他讲同性恋的知识。任何人问我关于同性恋的任何问题，我都会回答，但他根本就不问我，不让我说话，这是我始料未及的。我给他一些关于同性恋的材料，他不看。我试图和他交流，他就打断我，不让我讲。我愿意给他时间，但他已经不打算给我时间了。

在面对不能沟通的施暴对象时，我需要主动地应对，而不是被动等待。因为面对暴力，任何人都不应该无动于衷。我比较担心他会囚禁我，把我关起来，那他就可以为所欲为了。

在我力量弱的时候和他起冲突，会导致一些无法挽回的后果，所以我不会和他冲突。我已经转移了财产，短时间内不会有经济问题。一个同学说我可以到他家住几天。但是，如果我父母跑到他家来要人的话，我没有办法不回去，而且对同学的影响也非常不好。我不想连累别人。躲出去不是解决之道。

辅导思路：

1. 此案例中，爸爸逼迫儿子改变性倾向的行为，具有控制的特点，符合家庭暴力的"控制"的目的。所以，属于父母对成年孩子的家庭暴力。

2. 咨询师首先对来访者的同性恋性倾向给予肯定。世界卫生组织于 2018 年公布的《国际疾病分类》第十一版（ICD-11）删除性取向相关疾病分类，将"同性恋"彻底移出"有关精神和行为障碍"章节。同性恋是正常的性倾向，不是病，来访者自我悦纳，非常好。来访者在向父母出柜前做了充分的准备，也非常好。父亲的反应超出来访者的预想，咨询师充分理解来访者的沮丧与无助感。

3. 咨询师和来访者一起评估父亲当下对他的暴力的强度。显然，暴力等级低微，没有对来访者构成生命威胁，最大的伤害是对他的精神和情感伤害。而且，来访者对可能发生的经济控制和行为控制已经做好了准备，有自己的安全计划，这也是值得赞赏的。

4. 妈妈对来访者持支持态度，要善用这个支持系统，同妈妈分享自己的内心。因为爸爸患癌症，妈妈想照顾到爸爸的情感，是可以理解的，不等于不支持他。

5. 和来访者讨论父亲为什么如此坚定地反对，这一讨论有助于来访者认识到父亲成长环境、价值观的作用。鼓励来访者理解父亲的态度，但是理解不等于认同，更不等于屈服。理解有助于减少来访者的被压迫感，也有助于父子之间进一步沟通。

6. 同来访者分享：同性恋者其实并不一定让父母接受自己的性倾向，许多同性恋者的父母最终也没有接纳孩子的性倾向，这是非常正常的。应该从如何独立自主，从原生家庭的影响下脱离出来为突破口，只有让父母认识到来访者有能力独立生活，对自己的生活有计划、有目标，父母才会逐渐接受他。不必为了一定让父母接受自己的某个合理倾向，过多地花费精力和时间，从而实质上更深地跟原生家庭纠缠在一起，不得解脱。来访者不强求父母接受，只是拒绝他们的干涉就好了。

7. 咨询师协助来访者挖掘内在力量，让他看到，即使在受父亲压迫的情况下，他仍然有能力追求自己的幸福生活，他的生活和心情可以不受父亲压迫的影响。你说你的，我做我的。

8. 咨询师同来访者讨论，有哪些方法避免现在的压力？比如：离家出走，充耳不闻，等等。另外，考虑到爸爸是癌症患者，是否也可以"阳奉阴违"呢？毕竟，父亲可能不久于世，让他走的时候平静一些。虽然这可能让自己很受委屈，但血缘关系在那里，眼前的委屈也许会成为未来回想时的欣慰？充分讨论之后，咨询师充分尊重来访者的选择。

9. 咨询师请来访者鼓励他的妈妈和爸爸做咨询。如果能够来，咨询师可以从第三方的角度分享关于性倾向的科学知识，推动他们接受自己的孩子。

第六章　家庭暴力加害人的心理辅导

施暴并非天生的本能，而是男性在社会化过程中学会的控制他人、维持自己在家庭中权威地位的一种行为方式。家庭暴力没有赢家，加害人自身也常承受家庭暴力带来的各种危害，比如因此失去家庭、伴侣和孩子，甚至丢掉工作，极端情况下还可能因受害人的反抗而遭遇生命危险。

我们应该认识到，加害人有他们自己的困惑和痛苦，他们对性别关系的许多错误看法、不良情绪和暴力行为，也是文化塑造的结果，且他们自己也往往是家庭暴力的受害者。一方面他们应该为暴力承担责任，另一方面他们也需要社会的帮助。在对加害人的辅导与矫治中，要引导他们反思自己与伴侣的权力关系，促使他们自发地改变观念和行为，而不是简单地指责他们，要求他们悔过和自我压抑。

显然，仅仅是受害人觉醒，离开加害人，并不能彻底解决家暴的问题，因为被抛弃的加害人仍然留在家暴的阴影中不得解脱，可能会继续对其他人（如以后的伴侣）施暴。只有加害人发自内心地悔悟，积极主动地改变自己的暴力认知和行为，家暴的恶劣影响才可能逐渐消除。**从这个角度而言，每一个站出来勇敢承担、决心有所改变的加害人，同样是反家暴的积极贡献者。**

第一节　加害人辅导原则

加害人的心理辅导，难度较高。最大的困难在于，如果加害人不是因为自己有强烈改变愿望来辅导，而是被迫来辅导的，咨询师首先要唤起他改变的愿望。

加害人辅导中，还要注意如下原则：

1. 加害人辅导的最终目的是制止暴力，所以要优先考虑受暴人的安全，接着才是协助加害人成长。因此，咨询师要明确反对暴力，要让来访者保证不再施暴。辅导过程中，咨询师还应该与受害人保持联系，了解加害人的改变情况。

2. 咨询师要将加害人与他们的加害行为区分开。我们要反对的是暴力行为，而不是反对施暴者个人。所有参与辅导的加害者都有权利被尊重和有尊严地被对待。咨询师要谨防将个人对加害人可能有的敌意态度带入咨询中。

3. 咨询师要相信，加害人也是暴力的社会文化的受害者。社会中充满了身体力量崇拜，表现为将体力和力量作为男性的象征，强壮有力是对男性的肯定，利用身体力量作为解决冲突的一个方法，几乎是所有社会对男性的要求。对在什么情况下才可以使用暴力，以及如何在不使用暴力、压制的情况下去解决冲突，社会中缺乏对男性的教导。

4. 咨询目的是促进加害人放弃暴力。我们相信：加害人应该改变，也能够改变。暴力不仅伤害了受害人，也使加害人的亲密关系被破坏。我们相信每个人都向往幸福美好的生活。家庭暴力是加害人选择的行为，是学习而来的，也是可以改变的，加害人须为此行为负责。

5. 咨询师要改变的是加害人的信念系统，不只是他的行为。这是一个对父权文化、暴力文化、支配性男性气质进行挑战的艰难过程。

6. 咨询师应该使用女性主义咨询模式，警惕心理治疗模式和家庭治疗模式的影响。咨询师应该认识到家庭暴力的本质是不平等的社会性别文化下的权力和控制。

7. 咨询师尽自己所能，但对咨询效果不要追求完美。家暴加害人的改变是非常困难的，有研究显示，加害人要改变，必须本人有强烈的改变愿望，同时接受专业的辅导。即使如此，也只有轻度、中度暴力行为的加害人可以被彻底改变，如果是有高危暴力的加害人，则难以改变，通常最好的辅导效果，也只是延长两次暴力的间隔，降低每次暴力的强度。

父母加害人的辅导

施暴父母的咨询,与伴侣暴力加害人的咨询相比,有一些不同之处,需要引起咨询师的高度重视:

1. 咨询师时刻牢记:孩子更是无辜的受害者。孩子是父母负面情绪的承载者,因为他们弱小,所以父母坦然地把暴力施加在他们身上。许多施暴的父母声称孩子犯了错误,暴力是对孩子的"管教",但是,孩子其实没有犯错,只是违背了父母的意愿。而且,即使犯错,也不应该被以暴力对待。暴力只会制造更多的问题,暴力环境下的孩子更容易厌学、逃学、暴力对待他人,等等。咨询师如果身为父母,要警惕自己价值观的影响,警惕将暴力视为管教。

2. 咨询师的咨询重点是提升施暴父母对暴力的认识。施暴的父母更缺少反省意识,认为自己是为了孩子好,是在"管教"。社会文化中有也存在"打是亲,骂是爱"的说法,认为父母不会真的对孩子施暴。这种认识误区,使得父母对孩子的暴力似乎具有了某种合法性。

3. 咨询师要充分体会到未成年来访者的无助。未成年人更缺少自卫能力,生活上对父母更为依赖,他们不得不在受暴的同时讨好父母。即使他们想走出暴力关系,也缺少足够的社会支持系统。咨询师要让来访者清楚,孩子们的顺从并不等于他们没有受伤害,没有憎恨暴力,而是他们没有力量对暴力说"不"。

4. 父母对孩子的暴力,与伴侣之间的暴力相比,对孩子身心健康的影响更为深远,使他们成为暴力的传承者、自卑、无法开展亲密关系,甚至导致自杀,影响到他们一生的健康和幸福。

加害人辅导的不同流派介绍

家庭暴力加害人的心理辅导,在美国曾有过三种主要模式,分别是:认为暴力是因为个人原因产生的**心理治疗模式**,主张暴力是由家庭原因造成而衍生的**家族治疗模式**,认为暴力的背后是父权制、权力、控制的**女性主义模式**。前两种模式被普遍证实是无益甚至有害的,所以我们应该使用女性主义模式。

心理治疗模式认为,家暴是因加害人个人可能的人格异常、幼年经验、依附模式或认知行为模式等所造成,因而应以心理治疗的方式加以改善。临床模式代表:领悟模式、认知行为和心理教育模式、再犯预防模式。

从女性主义心理治疗的视角看,心理治疗模式误解了暴力的根源。加害人希望得到权力与掌控力,才是产生暴力的基本原因。

心理治疗模式的咨询师认为案主内在是脆弱和受伤的,所以治疗师应尽可能地支持、鼓励和接纳,才能使施虐者放下防御和做出改变。但过度支持和同理，有时反而会促使加害人为自己的暴力找到更多的借口，在治疗中不去挑战施暴理由，亦不面对暴力议题，其间极可能暗藏了治疗者的共谋和回避。

心理治疗模式中的认知行为和心理教育模式，认为暴力是学习而来的行为，所以可以通过学习而终止此行为。治疗师会协助加害人指认暴力造成的负面影响，教导取代暴力的新行为，也会加入人际关系技巧的训练，等等。咨询师在咨询中会看重愤怒处理、冲突解决技巧、压力管理和放松技巧。主要的目标则是协助加害人驾驭愤怒，应对自己的压力。在这样的咨询过程中，权力与控制的议题就会被消音或否认。其实加害者并不是缺乏处理压力和愤怒的方法，也不是不懂得如何与人沟通才施暴，而是因为情景、性别、阶层表现出不同的行为。

家庭原因论衍生的家族治疗模式，认为家庭暴力由家庭内沟通、互动及结构所造成，因此认为改善家人间的沟通技巧能避免暴力的发生，而主张家族治疗。临床模式代表：疏通模式、互动模式。

疏通模式强调应该疏通表达愤怒的能量。咨询师会鼓励双方对彼此坦白、说出感受，还会教导"公平争战"的沟通技巧。有时咨询师也会请来访者对着模拟的对象攻击，以抒发潜藏已久的敌意，如打枕头、双方用泡棉互打等。

使用言语攻击来取代身体攻击，不但不能降低暴力发生的概率，反而会令来访者产生更大的怨恨和报复的倾向。"公平争战"的沟通方式虽然宣泄了敌对的感受，却提供给加害人矛盾的讯息，即暴力行为是可以被接受的。这一治疗模式严重误导加害人对情绪成熟与成长的定义，以为只要宣泄情绪就是健康和成熟的指标，却忽略在亲密关系中关怀、责任和承诺的要素。这样不但强化了男性性别歧视和自我中心的态度，还回避了暴力的议题与责任。

互动模式视暴力为夫妻双方沟通不良和互相压迫所造成的结果，且以非线性循环式的因果关系来解释暴力的成因，所以夫妻双方必须同时进行会谈和治疗。咨询师则会指明双方失功能的互动模式，夫妻二人在治疗中了解在循环的婚姻问题中自己参与和贡献的部分。互动取向的咨询师会避免使用"加害人"和"受害人"这样的名词，而采取较中性化的字眼，如"家庭暴力的夫妻"等。

互动模式的咨询师将暴力的责任平均分配于夫妻双方。采用夫妻联合会谈的形式也向加害人传达了矛盾和模糊的信息：他不必为暴力负责，因为夫妻共同努力就能控制和避免暴力。甚至有些受害人并无任何暴力行为，但在夫妻咨询中却要试着分担暴力的责任，努力想办法协助加害人控制暴力和愤怒。这样的辅导方式，不止牺牲受害人表达个人愤怒的权力，也使加害人拒绝承担采用非暴力方式表达愤怒的责任。

互动取向的治疗师认为改善夫妻间不良互动模式即可改善婚姻关系，然而暴力会造成夫妻双方的恐惧和不信任，影响彼此的关系和沟通。只要暴力在婚姻关系中不能停止，在夫妻之间就无法产生信任和真诚开放的沟通。

社会及文化原因论衍生的女性主义模式，则强调家庭暴力的发生主要因为社会及文化长期纵容男性对女性伴侣的暴力行为，因此，辅导上应给予加害人教育课程，而非治疗，教育其应体会此一社会文化的影响，并尊重性别平等，而改以非暴力及平等的行为，且应对自己行为负责。反之，治疗只会使暴力者卸责。临床模式代表：亲女性主义模式。

权力与控制是亲女性主义加害人辅导的理念核心，因此治疗的接入方式着重在挑战加害人借由身体暴力、语言和非语言的威胁以及心理虐待来掌控受害人的意图。

虽然亲女性主义与心理教育模式一样，会对加害人提供沟通技巧与改善婚姻关系的方法，但亲女性主义模式也会以挑战加害人的性别歧视态度、终止控制行为作为辅导的重点，所以在治疗初期即聚焦在辨认和消除暴力、控制行为的主题上，在接下来的治疗中处理性别不平等的期待与态度。

第二节　加害人辅导步骤及要点

这里的辅导步骤，主要是针对伴侣暴力加害人制定的辅导步骤。对于针对孩子施暴的父母加害人，如下步骤也几乎全部适用，只是咨询师需要参考前述父母加害人与伴侣加害人的不同点，酌情在适当时候增加分享：家暴对孩子当下和长远的影响，家暴对加害人与孩子亲子关系的破坏，暴力不是管教，暴力只会使孩子厌学等问题更加严重，如何与孩子建立良好的亲子关系，等等。

第一步：建立良好的咨访关系

咨询师与来访者建立良好的咨访关系，是重要的，与家暴加害人建立良好的咨访关系，更为重要。这首先需要咨询师能够放下偏见。我们强调对暴力"零容忍"，是不容忍暴力行为，而不是不容忍一个希望改变的加害人个体。

所有来求助的加害人都有权被尊重，要相信没有人结婚或找伴侣生活是为了打对方，所有人都是向往幸福生活的。

咨询师首先应充分肯定来访者求助行为，真诚感谢其信任，激发并且增强其改变的动机。

咨询师要巧妙运用言语，包括语速、语音、语调来营造一个安全、接纳、理解、可信赖的情景；不批评、不攻击，创造一个让加害人感觉安全的环境。

咨询师要充分理解加害人的情绪体验。这不等于认同其通过施暴来处理情绪问题，咨询师应该态度明确：反对暴力。但表述方法可以灵活、弹性、多样。

咨询师给予回馈时，要避免落入对加害人过于尖锐或是过于温和的极端。过于温和会导致纵容加害人的行为，而过于尖锐的反应，可能表现为态度上不礼貌，比如讲话很大声或语带讥笑、对害人尖刻或侮辱，都将破坏关系而影响咨询效果，应着力于针对施暴行为给予建议性批评，而非针对加害人。

第二步：了解事件并制订安全计划

咨询师应该以尊重来访者的态度，了解其施暴的经历与现状。咨询师要具备非常清醒的判断力，能够辨识加害人表述中对暴力行为可能的淡化、合理化等特征。

这需要咨询师事先对家庭暴力加害人的认知特征、感受特征、心理特征等均有非常清楚的了解，能够从加害人的表述中看到背后的实质。

咨询师要探索加害人的暴力形成过程与原生家庭的影响，如果加害人是男性，他的男性气质养成过程是什么样的？受原生家庭的影响是什么样的。咨询师可以和来访者探讨如下问题：

是否曾经使用过身体暴力（如打架、推搡、威胁、恐吓等）来解决问题？

是否曾经遭受过其他男性的身体暴力？

是否目睹过其他男性使用暴力？

咨询师仔细倾听加害人对暴力事件的描述，评估和分析加害人的"情境—想法—情绪—行为"链是怎样的，从而找到针对不同环节进行切入的点，确定咨询脉络。

咨询师要结合加害人描述的情况，和他一起制订安全计划。加害人的安全计划包括：不对受害人施暴，戒除酒瘾药瘾，等等。咨询师同时和被害人建立联系，以便了解安全计划的落实情况。

第三步：澄清暴力真相，帮助加害人提升自我认识

这是非常重要的一步，咨询师要引领加害人认识到自己的认知特征、感受特征、心理特征，从而看清楚自己。如果加害人拒绝认识自己，后面的工作将无法开展。

带领加害人辨认自己的认知特征

加害人通常抱有很多不合理的信念,并且没有意识到这些信念的存在。咨询师要协助他们发现这些不合理的信念:

合理化:以对方的言语行为为理由来解释自己的行为表现,常以"因为她……所以我……"的方式呈现。例如:"因为她不承认外遇行为,并多次讽刺我,我才忍无可忍地对她动手。""她总是唠唠叨叨的,都要把我逼疯了,我才动手以便让她闭嘴。"

淡化:将自己的暴力行为影响简化、渺小化,并以此来表示被害人小题大做,例如:"我只是碰了她一下,不能算打。""在争吵中,我只是抓了一下她的衣领,她是不小心跌倒才会撞伤头部。"

否认:对于自己的暴力行为完全不予以承认,并常表示无辜、被冤枉。

偏差的性别观念:明确男女评价的差异,鄙视女性的价值观。例如:"女人三天不打,上房揭瓦。""买来的骡子娶来的媳妇,任我骑来任我打。"

认知扭曲:违反社会行为主流规范或偏离大众共识的说辞,例如:"我监视她,她也可以监视我呀。我限制她,她也可以限制我呀。"

极大化对方的行为责任,极小化自己的行为责任:言辞内容将婚姻冲突的责任均归于对方。

带领加害人辨认自己的感受特征

加害人在施暴前会有强烈的情绪反应,正确认识这些情绪对加害人来说是必要的。加害人施暴前的感觉主要有:

感觉受伤:自认为被伴侣伤害,而伴侣其实没有做伤害他的事,比如伴侣和好友一起出去吃饭。

敌意的负向感受:这些感觉通常是当我们在意的规则被破坏后产生的,尤其当破坏规则的人又是我们所在乎的人。加害人需要澄清自己的规则和期待,检视这些是否是基于自己的需要,抑或是基于他人的需要?是否在尊重、关怀的关系架构下呢?

觉得不堪负荷、忧虑或无助:加害人需要维护的是生活中确实拥有的"健康的情绪",可以学习某些新反应,来取代原有的负向思考。施暴的男士通常有某些感受和行为发展不足,像温暖、欣赏与感激、弹性,以及对他人无私的付出等。

带领加害人辨认自己的心理特征

辨认加害人的一些常见心理特征,如:

自卑：自卑感本身并不是问题，相反它可以是人进步、成长的动力。但是，自卑若成为内心一个不解的结，就是伤害性的了。

强烈的控制欲：过于强烈的控制欲，使得加害人可能会不计后果地去避免各种失控的现象。他们总是在一种失控的威胁之中，感到不安全、被忽视、无力量和能力、无价值、失落等自卑情绪。

过度负责、无法信赖他人：男性优势的文化使得男人自己感到一种在社会、家庭中所负的责任，这种负责感实际上就是一种权力感。负有责任本身就能给一个人带来自我价值感。由于种种原因，加害人并不一定仍有这种社会上的负责感，或者已不能在这方面得到满足，但他们普遍认为自己在家庭中有责任教导家人如何去处理问题。而且，正是在社会上负担责任的愿望不被充分满足可能带来的自卑感补偿，使他们在家庭中的主宰、教导欲望更加强烈。

人我界限不清：一个安全、自信、高自尊的人，是一个人我界限清楚的人。他不会简单地把别人对他的看法、态度、要求和评价当作真实的自己；他也不会因看法、态度、要求和评价与别人的不一样而焦虑，费力地企图使别人接受或同意自己的。加害人往往缺乏明确的人我界限。他们要求别人像自己希望的那样思想、体验和行动。

内外界限不清：加害人往往分不清自我的内外界限，使得他们绝对不能容忍和接纳自己内在的东西，更谈不上去理性地处理它。

他们会为外在的"面子"——一个大男人的面子损耗自己的心力资源，力图用一个面具来文饰自己。

依赖心理：一些男性加害人不仅是依赖妻子生活上的照顾，更在心理上依赖来自妻子的注意、支持、肯定、赞赏、快乐、力量、价值、安全感等。而且，他们的自卑还在不断地强化着这种依赖心理。

憎女心理：男性加害人憎恶女人的原因相当复杂，可能与自己过去和女性相处得不愉快经验有关，可能与对女人的依赖有关，可能与对自己对女性的渴望的憎恨有关，还可能是受到了现实中女性成长的冲击。

咨询师可以向加害人指出上述特点，帮助其自我认识。对于加害人的认识提升，咨询师要随时给予赞赏。咨询师可以针对加害人的配合，表示欣赏他的勇气与力量。

家暴行为的改变必须经过一定的历程，如果加害人能真正接受自己其实不能控制受害人，且有内在产生动力去检视自己的态度和控制行为，改变才可能发生。

第四步：让加害人认识家庭暴力

让加害人认识家庭暴力的本质、特点、规律，从而看清自己在暴力中的位置。

家庭暴力的本质是加害人对受害人的控制，不是家庭纠纷，不是伴侣沟通问题，也不是加害人工作压力太大、脾气不好、喝酒了、自控力差，等等。

家庭暴力具有长期性、持续性、循环性、传承性，等等。

认识这些的过程，也是拒绝加害人给自己的暴力行为找借口的过程。

第五步：挑战支配性男性气质的影响

男性气质并非只有一种，社会主流倡导的支配性男性气质，鼓励男性占有、成功、主宰、支配、实施暴力。这种男性气质不仅伤害了女人，也伤害了男性自己。支配性男性气质同样是男性施暴的重要影响因素。

支配性男性气质在强调男性必须是一个强者的同时，还要求男性必须处于主导地位，可以支配女性。当男性无法通过事业成功及其他方式做到这一点的时候，在主流社会文化中他就"不像一个男人了"。家庭暴力在本质上出于维持"硬汉"形象的目的，是一种扭曲的表现，男性加害人处于对"不像一个男人"的深深恐惧之中，他以暴力来彰显自己是一个强者，让女性受到伤害。

这也让我们开始思考，对于加害人，除了惩罚，还可以做些什么。对加害人的教育不应该停留在惩罚层面，同时应该去质疑、挑战造成这一现象的父权文化。要教育男性加害人，帮助他们找到潜意识深处的症结所在，意识到支配性男性气质是如何操控他们实施家庭暴力的，同时也意识到，家庭暴力伤害了他们和家人、女性的关系，他们自己也是受害者。

咨询师指出加害人的支配性男性气质表现，分析这种表现对他和伴侣、家人的伤害，从而推动加害人反抗这种性别气质。

第六步：进行权力关系的调整

咨询过程中要注意权力的调整：为加害人去权，让其认识使用暴力是对别人的侵犯和支配，是对别人生命的极大不尊重，是一种权力施加。也要提醒加害人认识到其行为是犯法的，会受到处罚。但语气要和缓，让对方感到是关心他，而不是谴责他。

咨询师要明确地告诉加害人：必须停止暴力行为。加害人如果说："我忍不住要对对方施暴。"咨询师可以提示求助者："其实，是你自己选择要用暴力的方式来表达情绪。"

对于加害人其他试图将责任归于受害人的行为，咨询师也要明确地纠正。

向加害人介绍《反家庭暴力法》，包括关于告诫书、保护令等的规定，包括离婚时判决将向受害人倾斜的规定，等等。这些都是为了给加害人去权。

有学者认为，单靠咨询无法终止暴力，必须同时配以法律威慑。唯有配合法律制裁和警政介入的加害人辅导，才能真正发挥终止暴力的效用，所以在美国一些城市的司法系统中明确有强制性的辅导方案政策。

第七步：发展其正面的价值感

咨询师应该坚定地相信加害人能改变，暴力只是其面对问题的一个选择。

改变需出自内在动力才能真正持久踏实，内在动机是改变行为的长期解决之道。所以，咨询师要帮助加害人找到、激发内在的改变动机，引导加害人开发内在资源，以催化改变过程。

咨询师要协助加害人从自我中心、自认为被害者的心态，转移到较为独立，甚至相互依附的世界观，在这样的新世界中，加害人要为自己的行为负责，并和伴侣、子女相互尊重地共存。

与加害人讨论暴力对自己家庭的利与弊，增加其改变的决心。

与加害人一起探讨其对婚姻与家庭的期望，引导加害人培养对家庭生活发展正向愿景。

要告诉加害人，暴力行为将使幸福生活遥不可及，暴力无法解决伴侣间的问题。

加害人有时会有孤单的感受，咨询师要提示加害人：孤单的感受会提醒自己注意个人的自我照顾，以及对他人的需要，与他人建立良好的人际关系。

加害人一个重要的心理特征是自卑。一个人若要不被自卑困扰，需要有较高的自尊感。咨询师要努力发展加害人的自尊感。自尊由以下四个方面组成：一、重要感，即感到自己受到生活中重要人物的喜爱和赞赏；二、能力感，即具有完成他认为很重要的任务的能力；三、品德感，即认为自己达到伦理、道德要求的标准；四、权力感，即影响自己生活和他人生活的能力。

第八步：帮助加害人认清自己并着手改变

咨询师鼓励加害人经营无暴力的亲密关系，请加害人先描述对亲密关系的愿景，并给他机会表明他所期待的是一种无暴力的亲密关系。协助加害人觉察到他想实现的目标，并鼓励他为此承担更多的责任。

同加害人一起讨论：

- 暴力行为与观念的由来。
- 其对自己的看法。
- 其伴侣是一个怎样的人。
- 如果对方要离开，怎么办？
- 婚姻冲突对子女的影响。
- 其个人所作所为不恰当的地方。
- 原生家庭与暴力的关系，探索原生家庭暴力史。
- 探讨父亲与加害人的关系，了解生命中重要人物对性别角色和亲密关系行为模式的影响。

引导加害人：

- 了解并认出自己在家庭中病态的权力与控制的行为反应，并示范如何才是平等和非暴力的行为反应。
- 正向积极地处理伴侣的气愤和指责，询问伴侣气愤和指责的原因。
- 换位思考与体会，以伴侣的眼光看自己，对伴侣有新的看法并接纳对方。
- 看到愤怒感受背后的内在期待与渴望，这可能是对美好生活的向往，让其理解自己的渴望，自我接纳，以积极的方法处理情绪问题。

- 进行尊重平等的沟通，澄清沟通中不清楚的信息，学习聆听并尊重伴侣的感受，学会处理自己的愤怒情绪。
- 找出自己家暴中的"情境—想法—情绪—行为"链条。
- 学习避开高危情境：冷静下来，暂时不讨论；走到另一个房间，或暂时离家。
- 学习放弃高危想法，改用正向思维。将负面的内在自我对话转换成正向的内在自我对话，正确、积极地理解原本可能被判定为负面的伴侣间的交流。
- 指导加害人进行自我肯定训练，不要让负面情绪、负面的自我评价控制自己。帮助加害人理解"好想法"的两个标准：让自己感觉好些和不伤害别人。
- 学习远离高危情绪。可以在愤怒的时候采取暂停法：让自己调整呼吸，深呼吸；喝温水。
- 帮助加害人意识到：即使不直接对孩子施暴，对伴侣的暴力也将对孩子造成非常大的负面影响。婚姻暴力加害人辅导工作的重要目的之一是保护受害子女的安全。
- 对自己的暴力行为道歉。

第九步：展望未来

- 鼓励加害人说出自己可以再努力的地方，拟订自我改变的计划书。
- 鼓励加害人制订人生规划。
- 鼓励加害人自我监督，在需要的时候再来咨询。

咨询师应该清楚：加害人的心理与行为，受早期成长环境的影响，需要多方位、长时期的努力。如果它是有欠缺的，接受这种欠缺。

第三节　加害人辅导案例

案例1：我动手打了妻子，她不原谅我

来访者：

男性，30岁。

来访者自述：

我和妻子是大学同学，感情很好，毕业后都考上了公务员，然后就结婚了。现在已经结婚5年了。

我自己脾气不好，容易着急，她也是性格很倔，这几年总吵架。比如我有一个计划，非常好，和妻子说，她就没有理由地反对。我会解释这个计划的好处，但问她为什么，她也不说，就是说"不行""绝对不行"，很坚决。因为她那态度，我非常生气，就大吵，控制不住自己的脾气。

两三个月之前，又是类似的事情，我气急了，动手打了她。我力气很大，她胳膊上红肿了。我过后就后悔了，向她道歉，但这件事给了她很大的心理阴影，她一直不原谅。这之后还会吵架，但我克制住了自己，没有再动手。

我认真道歉过了，也想沟通，但她总说，我对她动过手了，再说什么也没用了。最近这半年，一吵架就说要离婚，彼此都说要离婚，但又舍不得，毕竟还是有感情的。

我这个人比较敏感，可能是不自信，自卑吧。别人说什么，我都会有联想。如果是不高兴的时候，妻子说了什么，我就会以为有啥原因，会想得比较多。

我们的沟通确实有问题。我现在的问题是，我控制不了自己的情绪，是不是有心理疾病？我该如何和妻子沟通，我不想离婚。

还有一个问题，我工作上不是很顺。我是农村出来的，全靠自己。我觉得自己挺有理想的，很热爱现在的工作，想把事情做好，希望得到领导的赏识，被重用、提升，有更多施展才能的机会。但我没有任何背景，性格和现在官场上的风气也不协调，对很多做法看不惯，无法融入这个圈子。

我也想过随波逐流，但做不到，挺矛盾的，心情很郁闷。特别是近一年来，也可能是因为和妻子吵架。我妻子倒没有因为我不能升职而埋怨我，只是说，让我不要做梦了，不要太幻想往上升，接受现实。

我遇到事，总想要个结果。如果得不到结果，就会急躁。我可能有完美主义倾向，无法接受不确定的事和状态，凡事要求十全十美。在和妻子就"计划"争执的时候，也想要结果，受不了她不说话、回避的态度。

辅导思路：

1. 咨询师充分肯定来访者（加害人）勇于挑战自己、改变施暴行为的意愿，共情来访者的内心感受，但清楚明确地反对他的暴力行为，表示愿意帮助他一起处理暴力问题。这是加害人辅导工作中非常重要的一步，有助于建立良好的咨访关系。

2. 咨询师可以应用女性主义的性别角色分析技术。虽然这一技术在产生之初主要是为女性来访者服务的，但是，作为对社会性别敏感的咨询师，我们同样可以用这一技术帮助处于支配性男性气质压迫下的男性来访者。

3. 性别角色分析技术的第一步：让来访者鉴别他成长过程中接受了哪些关于男性性别身份的信息，他是如何被这些信息影响的。这些信息可以是言语的，也可以是以非言语方式传递的。在此案例中，我们看到，来访者表现出要在官场成功的欲望，以及要求妻子顺从他的计划，还有他对于暴力的看法，背后都是支配性男性气质。

4. 性别角色分析技术的第二步：帮助来访者识别这些信息带给他的积极影响，以及消极影响。在此案例中，来访者拥有上进心，这似乎是积极的影响；但是，他追求自己达不到的职位，并且为之痛苦，还有面对妻子的"不顺从"的气恼，也就是控制失败的懊恼，进而施暴，婚姻面临危机，这都是消极影响。在这个阶段，咨询师应该和来访者分享支配性男性气质对男人的伤害。咨询师和来访者从社会性别的视角解读家庭暴力，家庭暴力的存在不是他和伴侣之间的事情，而是有其社会文化的基础。家庭暴力的本质是权力和控制，是加害人试图实现对受害人的控制。咨询师帮助来访者认识到，他对妻子的不满，以及施暴的根本原因，是想让妻子按自己的意愿做，这就是控制。同时，还可以检讨支配性男性气质对男人"成功"的要求，认识到这种"男性气质焦虑"可能加剧了他在职场中的烦恼。

5. 性别角色分析的第三步：鉴别那些自己内化了的、来自外部的性别角色信息。比如一定要事业成功，还有妻子应该服从他的决定。

6. 来访者提到，他和妻子的冲突多是因为妻子"没理由反对"他的计划，也不说明理由。这其实正是被来访者内化了的男性控制信息的影响。咨询师可以请来访者详细介绍几次冲突，看看这冲突是如何一步步开始和演化的。这一过程中，挑战来访者的认知，帮助他澄清认识。没有人会没理由地反对一件事情，妻子如果真的拒绝说反对的理由也一定是有原因的。在和来访者的探讨过程中，咨询师很可能会发现真相是这样的：来访者提出一个方案，自我认为是好的，而妻子认为是不好的，妻子提出了反对的理由，但来访者认为那根本就不是理由，是站不住脚的，所以会认为妻子"没有理由"，坚持自己的决定。而妻子发现，无论自己如何阐释理由，丈夫都完全听不进去，认为她完全没道理，不会认真听自己的意见。结果是，久而久之，妻子发现无论自己说什么也没用，所以就拒绝再解释；或者妻子解释了，但他不信服，就认为妻子没有给出"正当理由"。咨询师帮助来访者认清这一真相，从而认识到，实质上，按照他内化了的价值观，他是想要控制妻子，让妻子服从他制定的"规则"，按他的要求办。当妻子反对时，他就会觉得妻子破坏了这个"规则"，从而非常气恼。这也符合家庭暴力加害人的一个很重要的特点，即加害人通常对受害人有敌意的负向感受，特别是当"规则"被破坏时。

7. 同样被来访者内化的，还有一些关于家庭暴力的错误观念。咨询师应该向来访者普及关于家庭暴力的知识，澄清他的迷思。咨询师挑战来访者"控制不了情绪"的说法，可以问他：是否对上司有过发火，打骂呢？为什么只是对家人"控制不住"？所谓"控制不住"其实是借口，他当然可以控制住，这半年吵架时没有动手，不就是克制住了吗？不要借口"心理疾病"，为自己开脱。咨询师向来访者介绍家庭暴力循环性的特点。妻子没有轻易原谅他那次肢体暴力是正确的，太轻易的谅解，会鼓励加害人陷入"施暴—认错—原谅—再施暴"的周期循环中。咨询师对来访者指出,他具有家庭暴力加害人的一些常见特点,比如自卑、好猜忌、控制欲强等,从而帮助他提升自我认识。

8. 被内化的支配性男性气质,还体现在追求官场"成功"。来访者因为无法在体制内上升,陷入自卑,表现为强烈的控制欲,过度负责,无法信任他人,等等。来访者从而陷入支配性男性气质带来的焦虑中。职场处境和男性气质焦虑进一步加剧了他的自卑,从而更渴望在家庭中进行控制。但这些都不能成为施暴的借口。

9. 性别角色分析的第四步:帮助来访者探索那些被他内化的信息,哪些是他想要抛弃的,哪些是他想保留的。在这个案例中,来访者显然应该放弃对伴侣的控制,对官场成功的执着,对家暴的迷思。虽然这并不容易,但这是咨询师工作的方向。

10. 性别角色分析技术的第五步:针对来访者要放弃的,咨询师帮助他做出计划来实现改变。这个计划可以是把目标分解成一个个小计划的,比如放弃家暴的迷思看起来最容易做到,然后是放弃对伴侣的控制,最终转变支配性男性气质。在支配性男性气质的转变方面,咨询师可以和来访者分析他对官场升迁的期许,官场失意可能并非他没有能力,而是个性不适合官场,帮助来访者找到自身的价值感。更重要的是,认真地做自己喜欢、让自己快乐的事,就非常好了。鼓励来访者跳出来,重新审视自己的职业规划。这些都是"社会性别再社会化"。

11. 性别角色分析技术的第六步：帮助和支持来访者践行改变，应对他改变中可能遇到的各种问题。咨询师帮助来访者挖掘伴侣关系中良性的因素，以及自身正向、积极的力量，比如渴望改善伴侣关系、放弃暴力，有上进心。针对来访者的低自尊，咨询师还可以和来访者探讨自尊来自哪里，协助他建立自尊。自尊通常来自：重要感、能力感、品德感、权力感。官场失意，或能使他的重要感、权力感受损，但他不应该通过控制伴侣找回权力感，而应该在能力、品德等方面促进自尊。

12. 咨询师要注意到，来访者像所有加害人一样，面临几个能力的欠缺：自我肯定的能力、处理批评的能力、调节冲突的能力、处理情绪的能力。咨询师鼓励来访者不断学习成长，认真尊重、倾听伴侣的想法，而不是急于让她接受自己的想法；鼓励回避冲突发生的高危情境，建立一个适合两人的沟通模式；学习和伴侣的沟通技巧等。

案例2：我只是拍了她一下

来访者：

男性，28岁，农民。

来访者自述:

我结婚 7 年了,有两个女儿,一个 5 岁,一个 6 岁。

我就是脾气不好,可能就是喝醉酒时,不小心碰了妻子一下。她就回到父母家,说我是家庭暴力,现在把我告了,要离婚,我该怎么办呢?

我们以前就是吵吵嘴,打打架,我基本上是喝醉酒就想和她吵架。两口子老在一起嘛,时间长了肯定要发生口角的,我觉得这很正常。我打她,我也是年轻人嘛,喝酒喝醉了男人就不清醒了。以前伤心的时候喝点酒,年轻气盛,拍她一把,她起来就走了,我也没拦她,轻轻拍一下也叫打吗?

我有时候心里不舒服,喝了点酒就说她几句,然后她就哭了,她要不还嘴就过去了。我说你别哭了,她还哭,我就拍她几下,说别哭了行不行。然后她回家给她父母说,这就是家暴?一年这样有三四次,结婚七年了,一直是这个样子。

就算吵架吧,她事后也说不记仇。我觉得我们是两口子嘛,在家拌拌口角也没什么,床前吵架床尾和好。可她的嘴像个开关,没个把门的。我跟妻子发生什么,她父母全知道。

还有一次,孩子刚刚出生,我打了她,她回娘家,她父母就留下她不让回来。我找她舅出面去说和,回来对我说:在他那里押一万块钱,如果有 5 个月时间我不和妻子吵架,就把钱还给我。如果我答应，就让她回来。我答应了，也就是说，押着这笔钱不让我跟妻子吵架，不吵才还我。后来肯定吵了，我不长记性，这钱就没有还给我。

我们感情一直挺好的，我就是爱喝酒，心不顺嘛，就爱喝醉酒。心情愉快时，我和我媳妇儿也是挺好的。每次我打她，孩子也在场。事后孩子就说："爸爸你别喝酒了"，我也挺后悔，很懊悔的。但是朋友聚会在一起，喝醉了回到家，有时就难免。现在朋友听说我喝酒打媳妇儿，都不让我喝了。

今年，两个人年纪已经不小了，想让家里再富点吧。我在外面打工，跟妻子说好，回来的时候租她家那个门脸房。她以前也说让我租的。可我回来，她家已经把门脸租给别人了，是我老丈人给租的，我就特别生气。

我这次回来本是抱着很大的希望，想回来好好做的。结果发现已经租出去了，没跟我说，我就跟她抱怨，她什么话也不说。

那天正赶上我老丈人生日，我特别生气，多喝点了酒，回来以后就和她吵了几句。当时喝得特别多，我爱人的反应是一直哭嘛，也不说话。我就拍了她一下，她说我打她，哭得更厉害了，打电话给她爸妈，她爸就来接她，接走了。我当时就是在她后背轻轻拍一下，她就回娘家了，出大事了似的。

我知道那天是我错了，真的错了，我给她跪下。岁数不饶人嘛，我也是想让家里富裕一点，才想租她家那个门脸房，本来这个意愿是好的。作为一个男的，计划了四五年的事泡汤了，谁不生气啊。

我喝完酒后情绪不受控制打了妻子，主要责任在我，我也知道后悔了，知道错了。我已经真诚地跟妻子和老丈人道歉了，但他们不原谅我。我主要是不想和我媳妇离婚，我还有两个孩子，我离不开她，女儿也离不开我妻子。

这个事，我甚至不记得打没打她。喝醉酒走路可能不稳嘛，碰她一下，她说打她了。当时我意识已经不清了。

她不回来，我给她发信息，发过很多次，她没回过。两个人不可能了，早晚都要离婚，但我现在不想离，我和孩子都离不开她。我不知道我媳妇到底感觉怎么样，我只知道我丈母娘肯定是不想让她回来。现在我都不知道我媳妇到底对离婚是不是真心，还是让她父母给逼的。她把父母放第一，我跟孩子放第二吧，什么事情都以父母意见为主，听父母的。

现在她非要离婚，还告上法院，理由就是感情不和，以及家庭暴力。怎么说呢，我舍不得她。我想知道，家庭暴力应该怎么防止呀？家庭暴力就是喝醉了，拍她一下也叫暴力？感情不和？我每次打工回来给她买的土特产啊，名牌啊，这也叫感情不和？我跟我老丈人是感情不和，但跟我妻子和不和，这是两码事吧？

她现在起诉我，法院把传票给了过来。我一直想找机会让我媳妇儿回来，要不就是鱼死网破。我也希望家里过得好，因为过得不好，还不如不过的好。我现在没心情做任何事，一门心思想整死他们。

如果法院判我们不离婚，但是我老丈母娘还是不让我媳妇儿回家的话，那怎么办？我想不起来我还有什么样的行动能让他们信服，我都没给我父母洗过脚，我到她家给她父母洗脚，他家有什么活我都先干着，有什么困难我都想帮助。我现在想不清楚，都说是一个女婿半个儿，我做到这一点了，他们怎么做不到这一点？

我就是想问一下，比方说，她以后回来，我怎么控制我的情绪，哪几方面可以提醒我控制我的情绪？

辅导思路：

1. 确定咨询态度。我们反对的是家庭暴力的行为，而不是反对加害人个人。加害人来咨询，通常是处于离婚的边缘，不想离婚。但是，无论是基于什么样的考虑来咨询，都是值得肯定和尊重的。和来访者建立关系，赞赏他来咨询的行为；耐心倾听他的表达，以尊重求助者的态度，了解其施暴的经历与现状，清楚认识到来访者所呈现家庭暴力的有关特点。理解他的情绪，但是，不赞同他的情绪。

2. 咨询师分享女性主义关于家庭暴力的观点给来访者：任何情况下的家庭暴力都是不会被接受的，家庭暴力的本质是权力和控制，是整个社会不平等的性别机制的产物。同来访者分析他家庭中的权力关系，谁更拥有资源，谁更说了算。显然，来访者在与伴侣的关系中处于支配、主宰的地位，伴侣是被他控制的对象。分析清楚之后，便可以对来访者（加害人）进行权力关系的调整。

3. 女性主义咨询强调给受害人增能赋权，那么相对应地，我们就要给来访者（加害人）去权，向来访者清楚地指出他的行为和思想中体现出来的家暴特点，帮助其自我认识。在此案中，来访者具有一些明显的加害人特点，比如对暴力行为合理化、否认暴力行为（"不记得打她了"）、淡化暴力行为（"轻轻拍一下"）、认知偏差（喝酒了就会生气打人）、极大化对方责任同时极小化自身责任、感觉自己受伤（房子不租给他）、觉得失望；觉得不堪负荷、忧虑或无助；对正面感受和行为发展不足；同时对伴侣又很依赖等。咨询师必须挑战来访者的这些错误认识，挑战他给自己找的施暴借口，比如告诉他：他不是喝酒后控制不了自己才打人，而是借酒撒疯。加害人认识到自己行为的性质，看清自己暴力的本质，才有可能学习改变。

4. "去权"最重要的方法之一，便是法律威慑，让来访者清楚意识到,他的暴力行为是触犯了《反家庭暴力法》的,妻子起诉离婚,法院也会判他和妻子离婚的;甚至,可以进一步追究他的法律责任。事实上,妻子起诉后,加害人来求助,这本身已经说明了公权力的震慑力。同时,咨询师挑战来访者极端的想法,警告来访者,他"鱼死网破"的想法是非常危险的,必须放弃。

5. 咨询师评估和分析加害人的"情境—想法—情绪—行为"链是什么样的,从而找到针对不同环节进行切入的点。在此案例中,此链条大致为:"喝酒—觉得被欺负—愤怒—暴力"。引导来访者在每个阶段学习"中止",学习远离高危情景、以积极正向的想法取代负向的高危想法、调整高危情绪、远离高危行为的技巧。

6. 使用女性主义的阅读技术,分享那些放弃了家庭暴力的男人的故事,如顾伟的故事,他从一位加害人变成反家暴志愿者;倾听反家暴的男人的声音,如中国白丝带志愿者网络推出的话剧《男人独白》;如果条件许可,参加家庭暴力加害人团体辅导小组,或者参加"男德班"(好伴侣好父亲:男性成长工作坊)。

7. 咨询师发展来访者正面的价值感。我们相信,每个人都是有正向的价值感的,人们在被肯定、激励的情况下更可能出现向善的行为。在本个案中,从来访者自述看,他还是有上进心的,是有积极的人生规划的,他对老丈人和丈母娘也有一些"孝顺"行为。肯定、赞赏他的这些优点,鼓励他继续发扬自己的这些长处,帮助他一起寻找更加向上的方式。

8. 咨询师帮助加害人进一步认清自己。比如，他责怪妻子不再原谅他，但事实上妻子已经原谅他无数次了，向他介绍家庭暴力的循环性特点，让他认识到自己其实处于"施暴—认错—原谅—施暴"的反复循环中，妻子不轻易原谅他是正常的；他责怪老丈人不租房子给他。如果是正常租房子，何必租老丈人的呢？租金多付少付都不好，恰恰是应该回避的。他一定要租老丈人的房子，说明他心里是想占小便宜，老丈人也看透这一点了，才不租给他。咨询师肯定来访者的能力，鼓励他依靠自己，踏实创业。

9. 咨询师督促来访者尊重妻子的选择，如果妻子坚持要离婚，来访者应该理解妻子多年处于家庭暴力关系中，已经忍无可忍。来访者真正的悔改表现，就是尊重妻子对个人生活的选择权利。暴力破坏了他的美好生活，无论是否离婚，他都应该放弃暴力。他放弃暴力不应该只是为了保持婚姻，也是为了一生的幸福。

10. 来访者想学习控制情绪的技能，咨询师可以协助来访者学习相关技能。但是咨询师要明确告诉来访者：此前他施暴，不是因为控制不了，而是因为没有真心想控制；现在他要改变，如果仅仅是为了避免离婚，而不是真正意识到暴力对伴侣和家庭的伤害，那这种改变也难以真正实现。

11. 咨询师应该有心理准备：加害人的改变是非常困难的，所以如果来访者中途放弃咨询,或者咨询效果不理想,也是正常的。咨询师应该接受这一欠缺。

案例3:"唠叨"背后的权力关系

来访者:

男性,26岁,初中,农民,婚龄4年。

来访者自述:

我和老婆经常打架。每次打架都是我先动手,因为一些小事情,由吵架变成打架。平时很注意这个,就是关键时候控制不了,感觉放不下面子。老婆爱唠叨,我是一个比较内向的人,不能听她唠叨,唠叨来唠叨去,就开始吵架,后来就开始打架。

我们打架大多数情况是在晚上,都睡觉了,她就唠叨。还有就是每次我对不起她时,以前的事情她都要讲一下。那个时候她好像也失去理智一样,有时候她说得太多了,太烦,吵得太凶了,就会打起来。

第一次打架是结婚第二年,快有小孩了,可能是怀孕期。有一天我上班回来,心里不舒服,躺在沙发上,她就一直唠叨。我说等会儿给你讲,后来她不愿意了,我们就吵起来了。

最近三年打过五六次，最严重的一次是坐月子的时候，用手打脸，打了几巴掌。有时候也用拳头，没用过其他的。前几年打得多点，去年有过，今年还没有。

现在我们跟父母一起住，我父亲在外面打工，母亲在家。我小时候他们打过架，看见过我父亲打我母亲，我懂事以后有一两次吧，后来就没有了。家庭可能对我没什么影响，性格对我影响很大，我觉得这个可能性最大。我是一个内向的人，内向的人不爱说话。

我确实控制不住自己。有时候心里高兴的话，她和我吵架，我就出去转转。可有时心里特别难受，我不想出去，她还在那里一直叨叨。我们好的时候，我不愿意提以前的事情，不愿意揭以前的伤疤。我不管谁对谁错，反正不愿意再去提这个。

我觉得人要懂得适可而止，说得差不多了，就该停一停了。看见我的脾气上来了，她就该停下来了，不是什么事情都要我看着她的脸色。我觉得我老婆不懂得适可而止，唠叨起来没完没了，不顾你的感受。

每次打架都是我先动手的，每一次打完架她就回娘家，然后我就去求她，有时候是我的父母、叔叔、婶婶等人，我的亲朋好友和我一起去，帮我说情。我保证过好几回不打她了，可就是到那个时候控制不了自己，还忍不住打。

我的爱人以前跟我说过好几次,在咱们村你对我是最好的,平常我们感情还是挺好的。结婚后,我们和我妈住。家务我们两个没做过,都是我母亲做饭,洗衣服扫地啊什么的。有时候她下班我去接她,关系还都挺好的。

比如说现在某一件事情上她做得不对,引发了吵架,或者说打架。打架的时候怎么讲呢,不计后果吧,打完之后我心里特别难受,我就是很爱她,害怕失去她。我知道家暴是犯法的,我也知道不应该打她,但就是控制不住自己。

我就是想改变我自己,给我一个幸福美满的家,给我孩子一个完美的家。我知道打架不能解决问题,但是我控制不了自己。想问一下有没有哪一种方法能够促使我改掉这个毛病?

辅导思路:

1. 咨询师首先肯定来访者前来咨询的行为,赞赏他寻求改变的愿望。加害人来咨询非常不容易,咨询师要警惕自己的偏见,我们反对的是暴力行为,不是加害人个人。

2. 咨询师澄清来访者关于家庭暴力的迷思,分享家庭暴力的特点和规律。比如,来访者自认为原生家庭对他没有影响,咨询师可以告诉他,这种影响不仅取决于他目击暴力的次数,还取决于家庭传承的价值观,对于此案例中的来访者来说,他的暴力行为具有明显的传承性。

3. 此案例中，来访者反复强调"唠叨"。指责伴侣"过于唠叨"的加害人，不在少数。咨询师可以请来访者具体呈现某次伴侣的"唠叨"，追根究底，一起来看看伴侣为什么"唠叨"。从来访者的自述看，"每次我对不起她时，以前的事情她都要讲一下"，而他的态度是"不管谁对谁错"都不愿意提。由此可见，"以前的事"同两人现在的冲突是有关系的，而来访者对以前的事一直回避，没有接受教训和悔改，也无法解决现在的事，这才是伴侣反复"唠叨"以前的事的原因。另外一个原因，就是来访者对伴侣声音的忽视，在此个案中，面对伴侣的诉说，来访者的回应是"我说等会儿给你讲"，这就是一种拒绝交流的态度。事实上，许多女性控诉说，因为伴侣拒绝交流，拒绝听到她们的声音，拒绝回应她们的诉求，她们才不得已一遍遍说，希望引起对方的重视与回应。也就是说，"唠叨"的背后是未被满足的关注诉求。

4. 来访者明显具有家庭暴力加害人的一些特点，如最大化对方责任、最小化自己的责任，将暴力行为的发生归责到受害人身上。咨询师要明确挑战来访者的推责行为，告诉他，无论什么情况，都不能用暴力解决问题，暴力都是不被接受的。施暴之后，来访者也会向受害人道歉认错，但还会再次施暴，对此，咨询师告诉他：这属于暴力的循环性。咨询师澄清来访者关于家暴的另外一些迷思，比如：认为自己控制不住才施暴，也提到，自己心情好的时候，就可以不施暴。告诉来访者：是他不想控制自己。咨询师和来访者深入分析他暴力的根本原因，那就是想控制伴侣，是想要让对方顺从自己。但是，伴侣是和他平等的人，伴侣有权利表达自己的诉求。

5. 咨询师给来访者"去权"，告知来访者《反家庭暴力法》是如何保护受害人、惩戒加害人的；告知他，如果受害人提出离婚，法院会判处离婚的。

6. 咨询师帮助来访者挖掘他正向、积极的东西，比如对幸福美满生活的追求，对伴侣的爱，等等。咨询师鼓励来访者，为了追求幸福生活做出改变、放弃暴力。

7. 咨询师和来访者讨论"安全计划"，即如何可以避免下次的暴力。咨询师陪伴来访者找出他每次施暴的"情境—想法—情绪—行为"链条，从而努力在每个环节做出改变。比如，妻子"唠叨"是他认为的高危情情境，那么，就要主动听妻子的诉求，认真面对过往的事情，不再回避。只有厘清过去，满足自己的诉求，她才可能不再"唠叨"。如果再发生妻子"唠叨"的情境，他也应该主动离开高危情境。如果他没有成功离开，也要把自己的负向想法，改变为积极正向的想法。比如，原本的负向想法可能是"她太唠叨，是对我的精神暴力"，将其改为正向想法"我一直不听她的声音，她太压抑和痛苦了，她只是想让我尊重她"。如果这个想法的转换仍然没有完成或者失败，进入了高危情绪，那么可以通过深呼吸、喝温水等方法，疏解高危情绪。

8. 来访者想改变自己的意愿似乎很迫切，这是好事，但暴力倾向的改变需要时间，没有一种吃了可以立即见效的药片。他需要持续的心理辅导，最好是参加针对加害人的辅导小组，进行循序渐进的心理辅导，才能够慢慢改变。所以不要操之过急，要做长期抗战的准备。

案例 4：妻子拒绝发生性关系属于暴力？

来访者：

男性，40 岁。

来访者自述：

我和妻子结婚 15 年了，目前妻子不愿和我发生性关系。为这个，我有时会打她，有时也强行和她发生性关系。上一次打她是一个多月前，打过后我们表面上客气，不过妻子内心还是很计较的。在肢体暴力上，我每次都没有打成轻伤，也没有打成骨折，因为我知道这要负法律责任，而且伤感情。

我不是经常打她，也不想一直打她，但是妻子总是不愿意和我发生性关系，把我逼得没办法。在一起过十多年了，不容易，孩子也不小了，我不想这件事情没完没了。

妻子因为我在外面有些"娱乐"，没完没了地计较。她不是因为怕我，所以不和我发生性关系，而是她觉得我不专一。不过我承诺不了自己以后不会在外面找人。我觉得没有必要，对她好不就可以了。现在这个社会，谁也不能保证一辈子就忠于一个人吧。

如果她一两个月、两三个月都不愿意和我发生性关系，她这个是不是也叫"性暴力"？我觉得她也应该打热线，她有她的理，我还有我的理呢。几个月没有夫妻生活，我觉得比挨一顿打要难受多了。她这样我没法在外面不找人，我在外面找人，一部分原因就是妻子没法在性方面满足我。

我一开始都是忍，但是不能一直忍。我也不知道妻子是不是一直在忍，我和她明说了，不要每天摆着一副臭脸，像我欠她一样。性本来就是夫妻间根本性的东西，她说我打她，怎么不说我为什么打她。

妻子早些年对我挺好的。结婚这么多年，我知道妻子在意我，要不是因为这些乱七八糟的事情，夫妻关系会很好的。我在意我们夫妻之间的关系，想做出改变。

妻子要求我以后绝对不在外面找人，我保证不了。我可以不打妻子，但希望妻子也有所改变。妻子就是死脑筋，要是再理解我一点，我就会对她更好，甚至有可能不在外面找人了。

我可以先不打她，但是这个事情得有个说法，她也要在性方面配合我一下，这个很重要。虽然我知道打没有用，但是打总比不打好，至少自己心理平衡一点。我并没有因为在外面得到性的满足而内心平衡，平衡了我就不会来咨询了。

我和妻子说了很多次，让她来咨询，但她不愿意。就算咨询了，我也觉得她不会改。她要改我就改，她不改我还是会这样维持现状。她不让步，我也改不了，要么就这样，要么就别过。我能做的都做了。

辅导思路：

1. 从目前来访者的自述看，本人改变愿望不强烈，所以咨询师主要从挑战、纠正他的错误认识入手，进行法律威慑，从而激发他本人改变的愿望。

2. 咨询师肯定来访者的咨询行为，同时指出，他来咨询的目的似乎并不是改变自己的暴力行为，而是让妻子有所改变。咨询师应该明确告诉来访者：他本人更需要改变。

3. 来访者纠结的一个问题是，妻子经常拒绝发生性关系，以及这是否属于妻子对他的"性暴力"。咨询师告诉来访者：家庭暴力的形式中，确实有一种形式为"性暴力"。从人权的角度看，伴侣间并不会因为结婚了就必须有与对方发生性关系的义务。所以，如果一方并不喜欢和另一方发生性行为，就有权利不发生性行为。而一方强迫另一方发生性行为，才是性暴力。如果一方想通过不发生性行为要挟对方达到某种目的，那这也属于性暴力。在来访者和伴侣的关系中，妻子因为来访者出轨，情感受了伤害，影响了对他的性欲求，不想和他发生性关系，这是可以理解的人之常情，并不属于要挟他，也不是"性暴力"。而来访者强行和妻子发生性关系，不仅是性暴力，而且如果情节严重，已经构成了强奸罪。

4. 咨询师应该向来访者指出：他对自己的暴力行为具有明显的淡化色彩，如说"不是经常打"等。暴力的性质不取决于次数，一次施暴也不可以。他对妻子有两种暴力形式：性暴力和肢体暴力。这都是触犯法律的，会受到法律的制裁。

5. 咨询师挑战来访者错误认识：声称如果妻子"不改"，继续拒绝发生性关系，他就继续施暴，但他这种认为妻子有义务和他发生性关系的想法是错误的，他的暴力是违法的；他认为"打没有用，但是打总比不打好"，咨询师应告诉他：暴力解决不了问题，只会制造新的问题；暴力没有任何理由，所以无论来访者多么理直气壮，如何把自己装扮成很委屈的角色，给自己找施暴的借口，都无法推卸他的责任。

6. 来访者对暴力行为轻描淡写，但暴力等级到底如何？咨询师可以详细询问，进一步做出判断。如果暴力等级属于高危险，咨询师有义务报警。

7. 如果来访者改变的愿望被激发出来了，咨询师可以陪伴他探索两人关系中积极的东西，挖掘他本人正向的力量，从而对亲密关系和人生进行规划。也可以和来访者对其婚姻功能进行分析，如果他既不能放弃"外面找人"，又不能接受无性婚姻，可以考虑结束婚姻。

8. 结束咨询时，请来访者捎话给他的妻子，希望他的妻子来咨询。来访者要明确告诉妻子：咨询师认为错在来访者，想在咨询的时候给她直接的帮助。

案例 5：暴力，全是被妻子逼的

来访者：

男性，51 岁。

来访者自述：

我跟太太的情况是这样的，我们结婚快 30 年了，儿子都大学快毕业了。当初恋爱的时候很浪漫幸福，一直到结婚。后来出现一些矛盾，十年前我们离过婚，但两个人没分开过，一年后又复婚了。复婚之后，我们开始长期"冷战"，发起方当然是她了，主要是不理睬我。偶尔我会失控，使用肢体暴力，目的是制止她对我的猜疑和干涉。

我第一次动手打太太是在大学，当时我们还没有结婚，有一次她到学校来看我，我母亲也来了。我母亲平时对她好，是看在我面子上，不是真的疼爱她、关心她，她也能感觉到。两个女人在一起有一种竞争关系，都会争夺我的关注。那天她们之间发生了一些冲突，她对我母亲有不礼貌的地方，我当着母亲的面打了她，我母亲制止我打女朋友，但态度不严厉，母亲知道我是在维护她，会感到一些安慰。

我研究生毕业后，准备去海南发展，问太太愿不愿意跟我去，她不假思索地答应了。我们就去了海南，白手起家，工作十年后又离开，后来在很多大城市都待过。这期间发生了一些事，我在那样的环境中，也有过出轨的行为，不是婚外情，就是逢场作戏那种。

结婚初期我们也闹过矛盾。我太太有一点暴力，有一次怀疑我和保姆有私情，打了保姆。我说我雇用的是保姆，我能有什么想法啊。我们因此吵架，我就动手打了她。此外，我们生活很平静，感情也不错。

到现在这个城市后，我沾染了一些不太好的观念，我太太和我就产生了冲突。本来她来了，我就在行为上收敛了，有时候去见见网友，她都会非常敏感，会阻止我，我就会恼火，家庭暴力也是从那个时候开始的。我们的冲突一直延续到现在。

到这个城市后，两个人感情没那么好了。我就回海南找补偿，还是去歌厅，就是发泄。我回来不久就去了国外，几个月后，电话单子来了，我太太起了疑心，觉得我有什么事瞒着她，就跟我闹。当时她很受伤，连死的心都有。

我们关系的恶化就是从那个时候开始的，家庭暴力有周期性，很频繁，一个月一次。每次打她以后，我都很痛恨自己的失控，尽管声称自己有理，但我相信动手的男人是无能的。家暴是对妻子的伤害，也是自己的失败。

那段时间我看过精神科医生，吃过药，压力大时想过自杀，后来随着情况的改善，精神又变好了。不过我一直没有大男子主义，至少在表面上没有，我在家做很多家务的。我一直都非常关注我太太，虽然家里什么事情都由我说了算，其实我也参考她的意见，最终我做决定。

有段时间我在网上做贸易，非常忙。她怀疑我跟快递公司一个女的有来往，这是无中生有嘛！后来还有一件事，我加入一个做临终关怀的组织做咨询师，就因为培训师是个女的，可能我流露出对她的好感，我太太就犯老毛病了，和那边的人说："你们怎么能让这个人当咨询师呢，他有家庭暴力，你们知道吗？"我回家就动手打她了。

为什么离婚呢，是我逼她的。她老觉得她没有安全感，钱是我赚的，我就告诉她，我打一部分钱到你账上，你把钱拿着，我们离婚。

后来我把钱给她,就离婚了,稀里糊涂的。当时她不愿意走,孩子也在中考,就没离开。但我考虑到两个人感情还不错,就复婚了。

离婚后的一年,她比较能忍,所以过得比较平静。结果一复婚,跟我一起就又像小孩一样了,无端猜疑和干涉我的行为,借口总是我要接近某个女人。她在现在这个城市工作时,单位的人就觉得她跟刚毕业的大学生一样,特别单纯,不成熟,就是因为对我的依赖,导致她的成长停止了,基本上就是这个情况。

我以前的出轨给她的伤害很大,但我没有办法。她总是把问题归结到我身上,现在完全拒绝、怀疑我的任何好意。我感到无奈,做过很多努力,认为自己能做的都做了,唯一没有做到的,就是放弃家暴。

我是在充满母爱的家庭中长大的。我父亲有家暴,我和我母亲都是受害者。他打我多数是因为我调皮吧,不过到我10岁以后就几乎不打我了,因此也不太影响我和父亲的关系。他打我母亲大概是因为婆媳矛盾,有时是因为我母亲去外面说他的坏话。

我太太的家庭没有家暴,但她成长过程中缺少温暖,她为什么愿意跟我谈恋爱,就是觉得我对她特别好,弥补了爱的缺失。

我愿意跟人分享,我不像别家的独生子那样自私,所以我在亲密关系中也付出很多。在这样的模式下,我太太到最近几年才意识到,她对我太依赖了。

我动手打她时，不是我不能忍，而是不想忍了。我认为是她逼我这样的，好像自己对自己说："她已经如此无理，再这样下去，我就要动手了"，甚至脑子里面已经想象过相关的画面。我打她主要是侮辱性的情绪发泄，耳光加语言，生气的时候说狠话，说她贱、讨打等，当然这些并非出自真心。

在我的家暴中，已经形成了这样的套路：我要做某件事——这件事情当中会接触到女性——于是我太太怀疑、干涉、冷言冷语——最后我失控、家暴。

现在我能为她做的是：一、完全消除暴力；二、在尊重她的前提下关心她；三、耐心等待她的改变。我会继续努力的，我以前是没有找到方法，其实我一直在努力。

我的家暴看上去像是我在教育我太太，她的表现一直像个小孩，我就是一个家长，你不听话我就骂你，再不听话我就威胁你，再不听话我就揍你了，就是这样。不过这种模式就是不对的，她顺从我那么多年，是因为我对她好，当她觉得我对她不好时，就开始觉醒了，就会反抗。

我太太长期以来对我信任度很低，对我有许多误解。最近一次不开心后，我们达成一个共识，就是等儿子放假回来，我们两个别闹了。长期以来，我们的不和，使得儿子上大学以后，选择了远离我们，很少主动和我们联系。我知道自己对他们的伤害都很深，这是我的问题。

儿子在初中时，多次亲眼看到家暴场面，很害怕。他采取的办法是无视，甚至无视他母亲让他打110的请求。值得庆幸的是，他一年前交了女朋友，明显成熟了。受我的影响，他也对佛法感兴趣，主动表示想学佛。因为他发现自己与女友相处时也常发脾气，但没有动手，而且道歉很快，所以目前还能得到谅解。他能够有这种自我意识，通过学佛找到控制情绪的办法，我觉得比我年轻时候强太多了。

我太太经常说我，说我话非常多，说我很啰唆。我跟女性天生比较亲近，容易得到女性认同，这一点是最令她烦恼的，比我打她还让她烦恼。我太太认为我在讨好女性。我觉得人跟人相处，第一是要尊重人，是否尊重是肢体语言流露的，别人会很敏感地觉察到。第二是礼貌待人，这其实也是尊重。她说我经常跟女人套近乎，我哪有？

辅导思路：

1. 咨询师对来访者来咨询的行为表示赞赏，同时明确指出："您的目标好像并不是想改变自己、放弃暴力，而是想让咨询师帮您证实您没有错，您所有的暴力行为都是妻子逼迫造成的。这样的咨询，没有任何益处，只会巩固您施暴的决心。"咨询师表示:"愿意帮您来梳理一下,看清自己和这段暴力关系。"

2. 咨询师同来访者分享加害人的一些典型特征,请他自己判断哪些特征在他的身上有体现。比如,淡化暴力行为,将暴力行为合理化,甚至否定暴力行为;将暴力的责任都推到对方身上,表示自己是无奈中施暴的;认为自己并不想施暴,都是对方逼的,对方欺人太甚自己才不得已施暴的,等等。我们能够看出,这些特征在加害人身上都存在。咨询师要能够认清来访者自述中透露出来的加害人特征,千万不能被他的诉苦给蒙蔽了。咨询师挑战来访者的自我认识,改变话语的叙述方式,从而让加害人无法遮掩自己的行为,这才能直面暴力。

3. 咨询师可以和来访者一起分析他和妻子的关系,来访者出生在暴力家庭中,传承了家暴;妻子并没有生活在暴力家庭中。从大学恋爱时开始,来访者便对女友施暴,一直得到原谅,所以他的暴力具有持续性、循环性的特点。受害人过于忍让,进一步助长了来访者的暴力行为。来访者认为妻子对他猜忌、怀疑,才"逼"他施暴,而我们也看到,他事实上一直出轨,妻子的怀疑并非无的放矢,妻子的指责也不是空穴来风。至于某一次具体指责是否准确,完全不影响事情的性质:妻子对他出轨不满,他反而嫌妻子"控制"自己,对妻子施暴。

4. 咨询师指出加害人具有的错误性别观。他认为自己并非大男子主义者，仅因为他也参与家务。事实上，对一个人的评价应该从整体上观察，他的暴力行为、对伴侣的控制行为，是典型的大男子主义作风。此外，他还存在蔑视妻子的态度，自认为对妻子的暴力是在"管教孩子"。这些错误的观念不改变，无法真正放弃暴力。

5. 咨询师指出，家庭暴力的传承性已经体现在来访者儿子的身上，从描述看他已经传承了暴力。帮助孩子改变，必须自己改变，否则暴力就会一代一代传下去，一代一代人的亲密关系就会被毁掉。事实上，很多加害人正是因为不想下一代再传承暴力，而积极努力地改变，从而放弃了暴力行为。

6. 咨询师要清楚地告诉来访者：他的行为是触犯《反家庭暴力法》的行为，必须立即停止。否则，即使妻子不报警，咨询师也有义务报警。

7. 咨询师强烈建议来访者的妻子来咨询。如果无法确认来访者准确转达了这一意图，咨询师可以通过其他渠道联系来访者的妻子，给她以必要的支持和帮助。

8. 从自述看，来访者的自我防御非常强，对暴力行为缺少最起码的认识和反思，所以不要寄希望于通过几次辅导来访者可以真正转变。咨询师一方面要对此有认识，接受辅导可能不完美的结果，另一方面也要积极努力，一点点挑战来访者的错误认识。

案例 6：儿子说我是"暴力女"

来访者：

女性，本科，婚龄 10 年。

来访者自述：

我打我爱人，一般冲突都是我先动手。结婚后我打过他，那次过后好几年，我没打过他。最近我觉得有点不对，今年从七月开始，有三次。七月那次还好，但最近两次在一个月内，我觉得我有点控制不住，冲动起来自己比较后怕，当时觉得掐死他都有可能。

第一次，结婚不久，他晚上应酬吃饭，我没打他电话，怕他有应酬。当时我怀孕了，他喝多了，没回家。第二天他回来了，我用皮带抽他，他胳膊上有青紫，我很愤怒，下手比较重。还有一次，两三年前，我在开车，他在旁边唠叨，当时我火了，给了他一巴掌，他还手了，我们打了三四下，车差不多横在路中间了，很危险。那次以后，我们差不多两三年没大冲突，偶尔一巴掌，是打肩膀，不是打脸上。

今年七月那天，在电梯里，他质疑老师的权威，我说孩子交给他们，就由他们管好了，感觉鸡毛蒜皮的事。他就说，你听懂了吗？那句话激怒我了，我给了他一耳光。他回打了我一拳，额头打出了血。我知道电梯里有摄像头，就忍着进屋，然后用衣架打他。衣架打折了，我就拿着镖，砸野兽用的那种，很长的，前面很尖锐，那时如果他再说，我会扎进去，当时真有扎死他的心。

当我觉得他说的不是事实，我就会很生气。比如他经常说"我养着你"，我要他养吗？我不爱听。我收入是他好几倍，怕他有压力才不说。他说话特损人，他会说，"你就一废物，除了打人还会什么"，重复地说。有些事跟我没关系，他非说是我的事，我就会很急。在很愤怒的时候，我感觉就想杀了他。

我们打架吵架以后，一小时内就会和好。气发出来了，就好了。基本上不超过一小时，他不道歉，但会先和我说话。我不会和他道歉，他有错，我自己也有错。骂人不对，打人更不对。我觉得不应该，但控制不住，我就怕这点。

我俩感情挺好的，也相互比较信任。无论他做什么我都支持，我做什么他都支持。如果真的是感情不好，离婚就得了。

我们家儿子七岁，比较活泼。爷爷奶奶宠他，爸爸不打他，就我打他。但我觉得他对我还没有畏惧，我们还蛮亲密的，他会主动和我讨论我打他的事情。

我觉得在一些事情上，还是要打的。我不让他打孩子，觉得男的打得重，他没有打过孩子。我打孩子打得狠的一两次，打手心打过五六次。我会用手指粗的棍，用那小条，打他屁股，一直没有留痕。

学校有奖励孩子的"学校币",孩子"拿过"。他拿一张我打一下屁股,那次他拿了十几张,我打了他十几下。我以为打完以后,他就不敢拿了。没想到过了几天,他又拿了。他不太理解"偷",但这行为是偷。那次我就抽他,屁股上留痕了。打了没有留痕,我觉得打得不算重。

他知道我会打他,就叫我"暴力女"。那次我说,小心你小屁屁要遭殃。他说那根棍不是打断了吗?我说那根打断了,我还可以换拖把棍。他说,拖把棍打断了,换不锈钢的?他还是以开玩笑的口吻在说,而且我们都是笑着说的。我觉得他应该没有心理阴影,这点我还是比较注意的。

辅导思路:

1. 咨询师肯定来访者的咨询行为。妻子对丈夫施加肢体暴力的案例比较少见,但并非绝无仅有,这里就是一个较典型的案例。一般来说女性力气比较小,暴力也不会非常严重,到来访者这个程度是不多的。现在暴力的频率提高,程度加重,且打起来时"杀了"对方的心都有,所以她能够及时来咨询,为良性的发展创造了机会。

2. 因为来访者的描述中,有轻描淡写的趋势,所以,咨询师可以直接告诉来访者，她的暴力程度还是蛮高的，从而引起她的重视。但是，从来访者的描述看，暴力的次数不多，而且刚刚出现循环的趋势，这时如果及时干预，下决心改变，还是很有希望的。

3. 咨询师告诉来访者：来访者丈夫"我养你"之类的话，充满了性别歧视，是对来访者的伤害。但是，这不应该是她施暴的借口。双方还是有感情基础的，那就应该进行良性沟通，学习沟通与情绪表达的技巧，避免言语上的伤害。

4. 针对来访者施暴时，丈夫回击一事，咨询师可以明确告诉来访者：那只能算他的正当防卫，目的是阻止暴力的进行，不能算"互殴"。当然，如果丈夫的回击超出了阻止暴力的范畴，那也是不妥的。

5. 咨询师明确告诉来访者：她对孩子的暴力，是家庭暴力，不是管教。在这个家庭中，孩子既是暴力的目击受害者，又是暴力的亲自承受者，会对他产生一系列深远的伤害，比如自卑、影响学业、传承暴力、身心健康受影响等。来访者认为孩子没有留下心理阴影，是过于乐观的估计，要全面地观察，而且还要看后续的长期影响。来访者也认识到，对孩子的暴力没有达到预期的效果，那就应该放弃暴力，改为正面管教。

6. 咨询师向来访者普及《反家庭暴力法》的内容，让她认识到自己对丈夫和孩子的暴力行为都是触犯法律的行为。特别是对孩子的暴力，咨询师是有义务报警的。

7. 咨询师和来访者分析他们伴侣间正向的情感，制订改变的计划，督促落实。咨询师和来访者一起探索她身上的积极、正向力量，更好地推进改变。

案例7：十年后丈夫开始还手

来访者：

女，婚龄4年。

来访者自述：

我想问下，哪一种情况属于家庭暴力？如果丈夫打了妻子，但妻子也打了丈夫呢？一年持续两到三次吧。又比如说我们的家庭收入，他觉得不能用于我的家人，这算不算经济控制？

钱一直都在他手里，也不是说他来负责财务，但是因为他挣得比我多，所以他就很忌讳我把钱给我家人。

其实我并没有给家里钱，这么多年来一共两次，买房子也就那一次。因为我父母帮我看了三年的小孩，他们都已经是老人了，要给我弟弟买房子，我给他补上那么一点钱，我觉得是最起码的良心吧，给了不到3万元，丈夫就很不高兴。

之前比如说是我弟弟生病，我当时还没结婚呢，我是唯一的姐姐，那肯定要给，也就一两万块钱。那是生病啊，是救急的。老公当时也给了，但之后我明显感觉他心里非常不舒服。我就感觉他在这方面已经有阴影了，有心病，就觉得我们家会不断地向他要钱。

我们每年有3次到5次比较大的冲突，大致就是他不喜欢我们家人，不喜欢我弟弟经常来我家，但是我父母在这儿住，我弟弟肯定要来啊，他过节又没地方去。

他经常会因为我父母说了一些他不爱听的话，跟我起冲突，他不高兴了，就会直接对我说出不好听的话来。我本身脾气也比较暴。通常是他先骂脏话，我不能容忍骂脏话，如果他一骂脏话，我就立即失去理智，可能就会攻击他，有时打他。我打他，会把自己打受伤，他一点事没有。我不知道你们怎么界定女人打男人，我那种打是发泄情绪。

我父母会有暴力，小时候他们会当着我和我弟的面打架。当时看着父母动手的时候，我感到很恐怖，我现在能记得清小时候父母打架的场面。我爸爸暴力倾向更严重一些，农村这种男人打女人很多的，以前的人会在街道上打，引起围观也有。我妈被打时一定是全力反抗的，如果你打了我，我也一定会拼死反抗，跟我妈在这方面是一样的。我不觉得这是什么优点，我觉得是人的本能吧。

谈恋爱的时候，我对他有过多次暴力，但是那种应该绝大多数没结婚或者谈恋爱的女孩子都会有的吧，就是打、抓、踢，抓破他的脸，他都是忍让。我现在已经想不起来原因了，很多次吧，应该属于闹脾气的那种。

以前谈恋爱的时候我欺负他吧，其实他是有缺点的，有时候是性格上的缺点，我觉得他不争气，或是别的一些，想让他努力。他倒从来没有不忠贞或是怎么样。我把他抓破了，他受伤了，然后我会很后悔，向他道歉。

我知道，我看了很多心理学的书籍，现在成年以后的很多性格是受童年影响，我现在就特别愿意改变自己，千万不能让我身上的一些缺点再影响到我的孩子。

两个人发生这种暴力，其实谁都认为是对方先挑起来的，永远说不清。

我现在觉察到了我自己的问题，我想改变，想变得更平和一些，更包容一些，而且我觉得我已经做到了，他也承认我是有进步的。我发现他反倒不愿意了，如果按照他以前那种性格，我们现在应该是很风平浪静的，不会有这么多冲突。以前我那样对他，他也没打过我，甚至在感情上都没有表现出一点不好，但是现在我发现他的忍耐度比以前低了很多。

我不想在孩子面前有任何冲突和争吵，我觉得这是做父母最起码的良知吧。一个只有两三岁的孩子，你不能在他面前打或者吵吧。但是我觉得他毫不避讳孩子，这点也是我们现在起冲突的很重要的原因。

辅导思路：

1. 本案例中有一些不太清楚的地方，咨询师应该更深入、细致地了解来访者与伴侣之间的互动，这样才能更清楚地看到暴力的运作。就目前呈现出来的信息，基本上可以判断来访者是加害人，她的丈夫是反应者。

2. 咨询师协助来访者看到她所具有加害人的许多典型特征：原生家庭暴力的传承者；淡化暴力，声称学生时代对伴侣的暴力只是"闹情绪"；推卸责任，最大化对方责任，最小化自身的责任，认为当前的问题是伴侣不再像当年那样忍受所致。

3. 咨询师揭示来访者和伴侣间的暴力循环：学生时代对伴侣施暴，然后后悔道歉，伴侣原谅他……所以早在那个时候两人间就形成了此类关系模式，开始了暴力的循环。伴侣当年对她的原谅，事实上是纵容了暴力。今天，伴侣不再原谅了。

4. 咨询师应该优先帮助来访者认清自己和丈夫在暴力关系中的角色。家庭暴力的实质是一方想通过暴力控制另一方。从目前她描述的和丈夫的关系中，是她想控制丈夫。以她给家人钱财为例，丈夫只是表示出了不愿意，但并没有阻止她给钱，也就是说，没有对她实行"经济控制"。婚后收入为双方共同财产，不喜欢对方的支出方式，表示一些不满，不能算暴力。她长期对丈夫有肢体暴力，十年之后，丈夫才有暴力回击，属于对她的暴力的抵抗，即反应型，或抵抗型暴力，不属于家庭暴力。这部分可以参照本书第一章中的相关说明。同样，她也不能因为自己想努力改变，丈夫却不再容忍她的暴力，从而谴责丈夫。来访者希望丈夫还是"以前的性格"，就会"风平浪静"，实际上是想让丈夫顺从她的暴力，做"完美的受害人"。

5. 咨询师可以和来访者分析：丈夫说脏话，丈夫当着孩子的面同来访者争吵，丈夫对来访者宣泄对她父母的不满，这些做法确实不妥，需要改变，但不属于家庭暴力。

6. 咨询师肯定来访者有非常强的改变愿望，包括学习心理学，不想将暴力传承给孩子，等等，都是非常难能可贵的。咨询师可以从来访者的这个优点入手，鼓励她继续寻求改变。同时提醒来访者：这可能会是一个漫长的过程，要对此有信心。

7. 针对来访者目前和伴侣的关系，咨询师和来访者一起探讨可行的解决方案，比如是否可以不再和父母住一起，是否也请伴侣来咨询，双方一起学习沟通技能和情绪控制方法，等等。最终，咨询师要尊重来访者的选择。

案例 8：我把孩子打得皮开肉绽

来访者：

女，50 岁，离异 6 年。

来访者自述：

我有两个儿子，分别是 20 岁和 10 岁。

儿子小时候，我把他往死里打。孩子不好好学习，我就拿皮带去抽，然后把他捉起来，扔地下，再把他揪起来，再让他趴下。现在孩子大了，我打不动了，但是我有语言暴力倾向，我会吼："你敢学习不好，我马上不要你。""你就不是个人，你是个畜生。"我骂人特别难听，但脾气上来时才去骂，平时对他们挺好的，就是一个月总会有几次打骂他们。

在婚姻中我虐待丈夫，刚离婚的时候没人虐待，我就虐待小的孩子。因为他不吭声拿我钱，我就往死里打，孩子被打得皮开肉绽，皮肤都快打烂了，小屁股肿起来。

我知道孩子受伤，道理我都明白，但是我控制不了。我一见他在家待着，就会骂他："你养不了你自己，你让我养你到啥时候？"现在比以前好多了，原来家人说我浑身长刺，在家里没人敢惹我，现在可能是社会磨炼的吧，棱角已经没有了。

我对他们咆哮、对他们暴力的时候，想让他们离我远一些，我就没那么大负担了。因为我不能给予他们，所以我先责备他们，让他们感觉这不是我的问题，是他们的罪过，不是我造成的。我先去说他们不好，他们就没法埋怨我，我感觉我是在推卸责任。

我觉得我很要强，过得就是要比别人好。现在家里有孩子，工作比较繁重，在外边我是个女强人，回到家里就想把家照顾好，没有精力做别的事情。天天就是被人在索要，我真觉得自己被掏空了。

我在外面非常成功的，是个女强人。人家都看着我是个非常慈善的人，回到家里就是这个样子，我都不好意思跟人家说。我觉得生活放松了，钱多了，就不会频繁骂人。我钱少了，没事就开始发脾气，就开始骂。

我不能容忍不正确，也不能容忍别人说我不正确，容易把我的想法强加在别人身上。比如对我心里认可的员工，他不能犯一点点的错误，严格要求不能出任何差错，只要出现差错，我也是语言暴力。

我觉得我有暴力倾向。我体内有暴力基因，因为我姥姥对我妈妈就是暴力，然后我妈妈对我哥哥姐姐又是暴力。

我妈妈对我有语言暴力，经常指责我，说我这说我那。我妈妈说我笨死了，宁愿掉山沟里，怎么会生了你。我妈妈还打我哥、我姐，往死里打，我从小就见到的，她拿着扁担打我哥。

我离婚，是因为我虐待前夫。刚结婚那一两年，我折磨我老公的时候，把象棋、围棋、暖瓶什么的都摔得稀巴烂，后来总是他摔东西。我就是骂他："你就不是个人，你就不是个男人，你挣不了钱，你连家都养不起，你活着干啥，你死了吧，你咋不死，你死了我就可以招夫养子，你卡着这位子上是干啥呢？"

他有时候刺激我一下，我就破口大骂，总是控制不住情绪。我一说难听了，他也骂我，我一还嘴，他嘴皮笨，就动手打我，把我往死里打。他不肯受我的虐待，说自己都抑郁了，要是不离婚，他就会死了。后来就离婚了。

我对我的孩子，真的是没有尽到做母亲的责任。比如我乱放东西，一找不着，电话就打给小孩："你是不是又拿我的钱了？我冤枉你？除了你还有谁？"

孩子自己调整自己，我控制不了自己。有时候孩子生气走了，我就自省，但是孩子一回来，我又开始发火。我说完就后悔，把人家训完了，第二天就打电话："哦，我昨天有点急，不好意思"，我会这么道歉。

我小儿子学习不好，我就说不要你了，但是过后我会说："儿子啊，只要你好好学习，你学到哪，妈供到哪。"

老大会自己调节情绪，骂老大，老大能撑得住，我就使劲骂老大。我有时问他:"哎,你昨天生气了吗?"孩子说:"生气啊,怎么不生气了,习惯了。"他已经离开我 N 次了,都是出去走一下又回来。

在"心理沙龙"我待了一年,就不待了,我觉得作用不是太大。住过一星期的精神病院,好想死,是我要求住院的。本来没啥事,进去之后越发重了。我现在也不吃药,也不看病,爱咋地咋地,就过去了也没啥事。

我控制不了自己,觉得自己恶毒,跟泼妇那样,受不了我自己。我觉得更多的是惭愧,我就是想分析一下这些原因。

是不是我年龄大了,人格不好改变呢?

辅导思路:

1. 咨询师肯定来访者来咨询的态度,她对自己的暴力行为也有比较清醒的认识,这些都是做出改变的基础。从自述看,她曾经在"心理沙龙"求助,咨询师了解来访者的求助情况,建议来访者不要放弃自己,要坚定改变的决心。

2. 从来访者的描述看,来访者对孩子的精神暴力、肢体暴力,肢体暴力等级并不轻,咨询师要警告来访者,她的暴力行为是触犯法律的,对孩子构成危险,必须立即停止。根据《反家庭暴力法》的规定,咨询师也有义务报警。

3. 咨询师帮助来访者进一步澄清：她的家庭暴力具有传承性、循环性、持续性等特点，她对伴侣和孩子的暴力都是她的控制行为，暴力是没有任何借口和理由的；她的自述中可以看出家庭暴力施暴者的一些典型特征，如追求绝对的控制。

4. 咨询师同来访者分享孩子经受家庭暴力可能带来的伤害。无论目击父母之间的暴力，还是承受来自父母的暴力，对孩子当下及未来的影响都非常大。来访者对此似乎并没有充分的认识，自述中存在淡化这些影响的表述，咨询师应该帮助她充分认识到她现在的暴力行为对孩子一生的伤害。她自己就是原生暴力家庭的受害者，她的亲密关系已经千疮百孔，如果她不改变自己的暴力行为，孩子未来的亲密关系也会像她一样。

5. 咨询师向来访者明确：孩子是无辜的受害者，暴力不是"管教"；她自己的"压力"同样不是施暴的理由。正如来访者自己也意识到的，她是拿孩子"撒气"。因为孩子幼小，因为孩子没有力量反抗，因为孩子要依赖她生活，所以她才如此有恃无恐地施加暴力。孩子的无助也无意间纵容了施暴者，使得暴力更加升级，并持续下去。

6. 咨询师要让来访者清楚，孩子们的顺从并不等于他们没有受伤害，这些伤害埋在心底，终有一天会显示出来。

7. 咨询师和来访者分析孩子对她的心理，一定是既爱又恨的，而爱，或者说依赖，是多于恨的。大儿子会在受暴的时候离开高危情境，孩子都能够做到，为什么她不可以呢？

8. 了解两个孩子现在的身心健康情况，建议来访者让孩子接受心理咨询。

9. 来访者关心自己是否能够改变，咨询师应该明确地告诉她：任何时候，改变都不晚，但是需要付出足够的努力。施暴者的改变是一个艰难的过程，不可能一朝一夕完成。来访者不应该将不努力改变的责任推诿到"年龄大"上。来访者要承认自己的错误，承担相应的责任。

10. 咨询师引导来访者探索她施暴的"情境—想法—情绪—行为"链，学习打破暴力链条。

第七章 "重要他人"的心理辅导

"重要他人"可能是一个家暴当事人的朋友、同事、同学、邻居、亲戚、伙伴、男朋友、女朋友或伴侣。他们可能在处理家暴当事人问题的时候也带有自己的问题的因素。

记住,来咨询的"重要的他人"可能就是实际的家暴当事人,如受害人或加害人,只是伪装成一个重要的他人。"我的朋友有一个问题"的台词并不少见。

最常见的"重要他人",是受害人的"重要他人"。

第一节 重要他人的辅导原则

重要他人的来访比较少,咨询师在接待重要他人来访者时,需要把握如下原则:

1. 积极支持、肯定重要他人对家庭暴力当事人的关心;
2. 不要被重要他人个人的情绪左右,要尽量从其描述的家暴情况做出准确的判断;

3. 帮助重要他人了解自己的界限是帮助家暴当事人,而不是替家暴当事人决定;

4. 促进重要他人增进对家暴的认识。

第二节　重要他人的辅导步骤及要点

第一步：肯定与支持

感谢来访者来咨询，赞赏他们，来咨询的行为本身就是反对性别暴力行动的开始，不作沉默的旁观者；

倾听并理解他们的情绪，比如：愤怒、震惊、恐惧、厌恶；

关注重要他人的身心健康，家暴事件是否有直接针对重要他人的风险；

必要时，帮助重要他人制订安全计划，在保障他的安全基础上，再对家暴事件进行干预。

第二步：增进重要他人对家庭暴力的认识

重要他人对家庭暴力通常非常敌视，但是，这不等于他们关于家庭暴力的认识是深入和正确的。咨询师应该向他们介绍家庭暴力的本质、特点、规律，家庭暴力对伴侣、孩子的伤害，帮助他们澄清对于家庭暴力的错误认识。

向重要他人介绍加害人的心理特征、行为特征等。

帮助重要他人了解《反家庭暴力法》的相关规定。

第三步：同重要他人分享：他们可以做的事

"重要他人"来咨询的一个原因，可能是想知道应该如何帮助家暴当事人，咨询师提供下述建议给来访者。

不要害怕让涉及暴力的家人或朋友知道你为他们的情况感到担心，帮助你的朋友或家庭成员认识暴力，告诉他们你知道发生了什么，并且想帮助他们。

帮助他们认识到现在发生的情况是不"正常"的，他们应该拥有一段健康、没有暴力的关系。

重要他人要让当事人知道：在没有和他们讨论的情况下，他不会披露他们的隐私。

让受害人知道暴力并不是他们的错，让他们感到安心，让他们知道这里有帮助与支持，他们并不是孤单的一个人。

倾听受害人的声音，支持他们，对于他们来说谈论暴力可能是很困难的，让他们知道你可以随时给予他们有效的帮助。他们最需要的是有一个可以相信和倾听他们的人。

鼓励受害人扩大社会活动面，参与朋友与家人关系以外的活动。

重要他人可以帮助受害人制订一个安全计划。

鼓励重要他人与可以为家暴当事人提供帮助的人联系。找到当地反家庭暴力机构，或者一些提供咨询的互助团体，和受害人一起去和家人朋友交谈。如果来访者必须去找警察、法院或律师，也同时为来访者提供道德上的支持。

第四步：面对受害人，需要保持关注和中立

告诉重要他人：保持中立态度，尊重受害人的决定，同时可以保持对受害人的关注。一个受害人留在暴力关系中有很多的原因，他们可能离开又回到暴力关系中许多次，不要评价他们的决定或者试图让他们感到内疚，其实他们在这个时候更需要你的支持。

重要他人切不可采取过激行为，如与受害人一起以暴制暴，或对加害人进行咒骂、殴打，这些都无助于事情的解决，也不属于对受害人的支持行为；好的做法是保持冷静的态度，在法律的框架内寻求解决方案。

记住：任何人都不能"拯救"受害人，虽然看着你关心的人受到伤害会让你不好受，但是最终受到伤害的这个人必须决定他们自己将做些什么。你支持他们，帮助他们找到通往安全与平静的路是非常重要的。

如果受害人决定离开这段关系，他需要时间消化关系的失去带

来的忧伤,这个时候尤为需要重要他人的支持。重要他人可以明确告诉受害人:"我会陪伴你度过忧伤的时刻。"

如果受害人是未成年人,重要他人有义务在必要的时候,通过报警等方式来保障未成年受害人的人身权利。永远记住:要将孩子的安全放在第一位。

第五步:面对加害人,要坚持明确地阻止暴力

家庭暴力是侵犯人权的行为,所以要旗帜鲜明地反对。

咨询师鼓励重要他人告诉加害人:暴力没有任何理由,暴力不能够被容忍。

重要他人明确警告加害人,他的行为是触犯法律的。

重要他人可以挑战加害人的认知迷思,介绍加害人常见的特点,让他更清楚地认识自己。

重要他人可能鼓励加害人寻求咨询。

重要他人可以帮助加害人制订一个改变计划。

第六步:重要他人的持续关注

重要他人可以持续地关注其所遇到的家庭暴力事件,直到暴力解除。

在需要的时候，重要他人可以成为证人，比如受害人离婚诉讼时证明其受害状态。

重要他人可以利用一切机会，向社会宣传反家暴理念，促进社会文化的改变。

第三节 重要他人辅导案例

案例 1：我的朋友是加害人

来访者：

女性，加害人的朋友。

来访者自述：

我有一个男性朋友，47 岁，妻子 45 岁。这朋友有家庭暴力行为，但他老婆掩饰得很好，我没见过她被打到什么程度，打的次数我也不清楚。他和他太太因此想过离婚，后来因为彼此感情还蛮好的，就没有离。但是反反复复之后，我朋友发现自己有问题，他现在明白他的行为是错误的，但是他控制不了。

他们两个好像是完全不同的人，男的感性一点，女的理性一点，两人之间就有摩擦了。事儿倒真的可能不是什么大事儿，男的觉得女的不理解他，或者女的唠唠叨叨说很多以后，男的就烦了，就去打这个女的，女的就像祥林嫂一样到处去说自己的委屈。

女方觉得是男方的问题，以前男方认为是女方的问题，觉得女的有洁癖，各种问题，男的现在觉得自己也有问题。以前他打完老婆再打自己，现在他不打老婆了，受不了时会打自己。最近一次他把自己打得满头包，鼻青脸肿，没法上班，他太太也很心疼。他们的关系是互相和解了，所以也比较着急。

他打完人后会道歉，他对她太太还好，现在很想往好里走。他和他老婆分分合合之后，有时按捺不住会打自己，打得鼻青脸肿，他老婆挺心疼的。

他妈妈比较强势，他爸爸有一点错误都会向他妈妈道歉。他父母之间没有暴力，他清楚地确认过这件事，他父亲从来不打他母亲。他曾经很不屑他爸爸，很瞧不起他父亲，但是他对暴力还是有认同的。

他爸爸是个军人，如果他不听话，就会对他采取暴力手段，打他。有时候是比较无理的行为，就是孩子有时候有道理，但是爸爸还会打，因为自己的情绪难以控制。在很多家庭中，父亲都会打孩子呀。

打完之后过几天，他们采取性的方式来解决问题，反反复复。我觉得他老婆有点受虐倾向，所以很矛盾。

他们有一个小孩，上初中。他对自己孩子还蛮好，不断地像一个好父亲那样做。

他现在已经出现你们所说的自虐倾向，这个应该是从认知还是从别的什么方面去改变？有什么方法吗？

我的朋友为什么会和我提这个问题，因为有一次他打自己，他太太对他说，你应该去看心理医生，但他碍于面子，觉得没法去。我是个业余的心理工作者，他跟我反映他的情况后，我觉得我解决不了这个问题，所以请教您。

辅导思路：

1. 咨询师肯定来访者的咨询行为，理解她的忧虑。鼓励她继续发挥自己的能量，明确建议：她的作用应该是阻止暴力行为，保障受害人人权不受侵犯。

2. 来访者对于家庭暴力有许多迷思，咨询师要介绍家庭暴力的性质、特点、规律给她，帮助她澄清迷思。比如：加害人目前打自己的行为，并非"改善"，而是换了一种形式的暴力，属于对伴侣的精神暴力，目的和肢体暴力一样，要控制受害人；加害人所谓控制不了自己的说辞，是因为没有放弃暴力的决心；加害人施暴后道歉，这体现了家庭暴力的循环性；受害人不离开暴力关系，不能被指责为有"受虐倾向"，不离开暴力关系的原因非常复杂，通常是对家暴认识不清，对加害人抱有幻想；父母都会打孩子，也是错误迷思。

3. 来访者应该明确告诉加害人，暴力行为是触犯法律的，也毁坏了他的亲密关系。如果想要幸福的生活，必须彻底放弃暴力。来访者可以给加害人普及从咨询师这里学习到的家暴知识。

4. 加害人是家庭暴力的传承者，来访者应该告诉加害人：即使现在不对孩子施暴，孩子目击暴力也一样会传承暴力，所以真想做个好爸爸要从放弃暴力开始。

5. 加害人在暴力之后，与伴侣通过性爱来"和好"，这种做法是不会真正解决暴力问题的，只是短期的自欺欺人。来访者同样可以向加害人介绍这一点。

6. 来访者应该鼓励加害人制订放弃暴力的计划，来访者可以监督加害人落实这一计划，也可以鼓励加害人来做咨询。

7. 如果来访者有机会见到受害人，也同样应该给她以支持，包括帮助她认识家暴，掌控资源，制订安全计划，做出选择，等等。

8. 再次肯定来访者对家暴行为的介入，鼓励她在必要的时候再次咨询，或者报警。

案例2：妈妈该如何逃出爸爸的暴力魔掌

来访者：

女性，大学毕业，待业中。

来访者自述：

最近我父亲又打我母亲了。我父亲在我小时候就打我母亲，差不多有二十年了。这一次他们打起来是因为我妈退休有五年了，而我爸刚退休，他去学跳交谊舞，在老干部俱乐部活动，他跳的是那种贴得很近的舞，我妈就开始抓狂，受不了，说我爸的发展趋势就想另外找一个，怀疑他有婚外情，因为我爸之前有跟我弟弟透露过这个想法，说想离婚再找一个。

我爸这个人表达能力不行，但他很玻璃心，只要有一点点受伤，就过来揍你，没办法沟通。我爸打我妈是往死里打，要置我妈于死地的那种，把她的头摁到地上敲十几下，然后像武松打虎一样骑在她身上，往她胸口打很多拳，掐她脖子到透不过气来。我妈慌乱中去脱他的裤子，然后他护着就不打了。我妈很气愤，想拿那个凳子劈他，但力气没有我爸大，打不到。我爸就躲到房间里面去，把门关起来了，我妈拿凳子把门劈坏了。

现在我爸刚退休，心理没有调整过来，有一个苗头就是打人的情况比较频繁。我弟弟在大学读书，我也不住家里，家里就剩他们两个，如果得不到处理，我妈就要一直被我爸打。

我爸想离婚，说想等弟弟安排好工作再离，他再找一个，组建家庭。我们也希望他们离婚，就我妈不肯，她不甘心，觉得被我爸打了这么多年，付出这么多却得不到回报，以后会没有人给她养老，她没有地方住，也不想住在亲戚那里，觉得丢人。她说如果要死的话，就跟他一块死，同归于尽。

我也是家暴受害者，心里有很多怨气。前几天知道我妈又被打，我很愤怒。小时候我和我爸顶嘴，他就会过来打我，包括他冤枉我，也不容辩驳，要让你屈打成招。我记得小学一年级的时候，打得比较频繁，读初中没有，因为我们的亲戚说他们，他们有所顾忌，而且也觉得孩子大了要注意，但上大学后还有打。毕业后我独立生活，他想打也没机会。

我爸在家里打得最多的是我妈，其次就是我。因为家庭的原因，我有很严重的心理问题。以前我去看心理医生，就说我有人格障碍、抑郁症。我觉得我的性格和我爸很像，他应该也有这方面的问题，但这种人叫他去看医生，很难，他一般不会承认自己有病。我觉得无能为力，不知道该怎么帮。

据说我爷爷也是有家庭暴力的人，经常打我奶奶，对自己的子女也不好。

我爸爸不打我弟弟，他有性别歧视。我弟弟给他打电话时，会劝他不要打妈妈，我爸就把电话撂了，不听。

现在要怎么阻止父亲的暴力，怎么帮助母亲？

辅导思路：

1. 咨询师肯定来访者来咨询的行为。来访者自己是爸爸暴力的受害人，现在离开了暴力环境，想帮助她的妈妈摆脱暴力，这是值得赞赏的。

2. 咨询师向来访者介绍家庭暴力的本质、特点、规律，同时分析她爸爸对妈妈的暴力中，这些特点和规律是如何体现的。

3. 咨询师同来访者评估爸爸对妈妈的暴力危险性，从描述看，符合高危暴力的标准。来访者应该将这个信息告诉妈妈，鼓励妈妈离开暴力关系，如果妈妈不离开则协助她做好安全计划。

4. 来访者已经成年，离家，她可以在电话中明确地警告爸爸：他的暴力行为是触犯法律的，如果他再不停止暴力，她和妈妈都可以随时报警，让法律惩处他。同时，来访者也可以针对早年自己受暴的经历，表达对爸爸的愤怒。

5. 来访者向妈妈充分介绍家庭暴力的知识和法律，为妈妈增能赋权。讨论妈妈的一些担忧。比如无处居住，相信法院会保护没有过错的一方，不会让爸爸独占房产；养老问题，明显也不能指望施暴的爸爸给妈妈养老；妈妈想和爸爸"死磕"到底，结果是自己未来几十年仍然要处于暴力中，这样做真的值得吗？

6. 来访者可以和妈妈一起分析还有哪些可以利用的资源，比如妈妈是否可以和来访者一起居住？来访者也思考，在改变爸妈之间的暴力这件事情上，弟弟还可以发挥什么作用？

7. 来访者最终要尊重妈妈的决定，不要太勉强她。如果妈妈不离开爸爸，一定是基于她的考虑，即使这种考虑在来访者看来是荒唐的，但也毕竟是妈妈自己的选择。来访者对妈妈的决定要做到"中立"和尊重。但是来访者可以随时关注爸爸对妈妈的暴力，必要的时候从第三方的角度报警。

8. 来访者的述说中也提到自己的问题，明显仍然存在受暴后的创伤，以及可能的暴力传承。咨询师要鼓励来访者为自己寻求心理咨询，参考原生家庭受害人成年之后的辅导思路进行。

案例3：如何阻止丈夫打儿子？

来访者：

女性，30岁，暂无业，婚龄7年。

暴力状况：

我老公想通过打孩子的方式教育孩子，孩子差不多两三岁，他就开始打孩子，踢孩子。现在儿子5岁了，他略不满意，就会通过暴力表达。孩子不听话时，比如对着他说："你不是好爸爸。"他就把筷子往地上一扔，然后对孩子说"你给我捡起来"。他爸爸说话声音就和钟似的很响，一生气就把孩子直接推到地上，再踹几脚，打得挺厉害的，我觉着都吓着孩子了。

原来没有孩子之前，他打过我一次，他要睡觉，我给他讲个事儿,他不让我说,就为这个打了起来。平时他吵起来就说:"你滚,你滚一边儿去,你别在这里了。"他发脾气是经常地、无缘由地,你不知道哪句话说得不对,他脾气很快就上来了,就得发泄出来,恨不得把东西都砸到你身上,才能解恨。最严重的时候我鼻子流血,鼻子骨头都打碎了。如果这算家暴的话,也就一个月一次吧。

他觉得不打不成才,想找个什么机会,通过这个打吧,狠狠治孩子一下,一下子把孩子治过来。他对我也是这个样,就觉得必须通过这种方式把你压制住,你就不敢了,就这种感觉。

他父亲是个很温和的人,但是他妈妈脾气很暴,应该是打过他。他从小害怕妈妈,挺听她话,就是挺怕她的那种感觉。只有这样严厉地打孩子,才能管教孩子,他是这种观念。

孩子现在5岁,他有时候会攻击别人,要是不高兴了,就打别人,比如不高兴的时候,就过来拿着拳头朝他爸爸打一下。

我还凑合着能过,反正说不是特别严重,但是对孩子这样,我就真的担心,孩子养成什么样的性格,我是担心这个东西,他那种观念就是特别顽固。

爸爸对孩子说,你妈要是不在了,我就彻底把你这个事儿打过来。我挺害怕,我现在不敢上班去。我感觉这对孩子是非常大的伤害和折磨,我受不了,我心里真受不了。我怎么办呢,要不带孩子出去住,不跟他在一块了。

辅导思路：

1. 咨询师肯定来访者求助的行为，告诉来访者，从她的表述看，她对于家暴有很多迷思。比如：家暴"也就一个月一次吧""还凑合着能过"，都说明来访者对暴力重视不够。对家暴，应该"零容忍"，应该坚决说"不"。

2. 咨询师同来访者强调，当务之急是关注孩子的身心健康。我国许多法律对保护孩子都有明确的规定，她老公打孩子的行为无疑是违法的。父母不应该以暴力的方式"管教"孩子。暴力不会让孩子成长，不会解决孩子的问题，只会使孩子出现更多的问题。

3. 咨询师和来访者分享家庭暴力的实质、特点、规律，像"控制"的本性、家暴的传承性、持续性等，在来访者老公身上都有明显的体现。从来访者的描述看，丈夫对来访者的暴力等级属于高危。如果他继续对孩子施暴，随着孩子长大，暴力等级明显会加剧，孩子处于危险之中。

4. 咨询师向来访者介绍家暴对孩子造成的各种伤害，参考未成年受害人辅导部分。值得注意的是，从来访者的自述看，她五岁的孩子已经传承了暴力。从小形成的错误认知和行为模式，再改变会非常困难，所以已经到了必须立即处理的时候。

5. 来访者虽然咨询的是孩子受暴的问题，但她这个"重要他人"和其他的重要他人有所不同，因为她是未成年孩子的母亲，对孩子具有监护权,承担更大的责任,也有做出处置的权利和义务。

6. 咨询师和来访者探讨她可以做什么,来保障孩子不再受暴。比如:及时报警,对加害人进行震慑;代儿子向法院申请保护令,禁止老公再对孩子施暴;离婚,带孩子离开;如果一时无法离婚,可以考虑和丈夫分居;让孩子接受心理辅导和反家暴教育,清除已经受到的伤害,阻断暴力传承。

7. 咨询师鼓励来访者向加害人介绍家暴对孩子的伤害,以及他将受到法律的惩罚,以此督促他放弃暴力。

8. 咨询师同时提醒来访者关注自己的受暴情况,做出适宜的应对。这部分参考伴侣暴力受害人的辅导思路。

案例4:如何阻止弟弟对父母施暴?

来访者:

女性,大学在读,未婚。

来访者自述:

我弟弟今年20岁,待业中。弟弟自从上了初中之后,突然变得很暴力。他对我还好,但对我爸妈就是非常憎恨的感觉,经常和他们吵架,隔三岔五打他们。

我爸妈都快50岁了，农村人，父亲收废品，母亲做小生意。

前年过年时，大家在吃饭，我妈讲家里的事，我弟弟很反感，说吃饭就吃饭，絮叨那些干吗。他把桌子给掀了，大家打起来，他要打我妈，我姐就拦着。我姐打他，他也打我姐。我妈怕有人受伤，就报警了。警察来了，把他抓去关了一天，我妈心疼他，打电话去让人家把他给放了。他回家之后脾气更加暴躁，说他长这么大，还没去监狱蹲过，凭什么爸妈把他给抓进去。就因为这个，他对我爸妈更加厉害地暴打。

他这半年和我爸妈在一起，平常也有吵架，比如吃饭的时候，他在抽烟，我妈说不让抽烟了，他就会立马翻脸，把桌子都掀了。有时他一个人在家，我妈照顾他，他经常会因为没人在，打我妈。我妈怕跟他在一个房间，就躲在另一个房间，他故意说他要倒茶，然后进房间拿杯子，就去打我妈，都打得比较严重。

周末我从学校回家。他问我你放学了吗，我没理他；他问你在学校学的什么，我也没理他，就去睡觉了。因为他打我妈，一般他跟我说话，我都不理他。他自己坐在那里泡茶喝。

大概夜里一点多，我被外面的声音吵醒，起来才知道他拿了很粗的钢筋去打我爸。我妈拦着房门不让进，他就打我妈，让我妈让开。我妈一直让我爸快走，他可能怕把我妈打坏，走开了两步。屋里有两箱酒瓶，他用钢筋全部砸碎了。

弟弟是第三个小孩。我爸妈也没有很溺爱他，家里因为小孩子多，很穷。他小时候，爸妈把他放到全封闭式的托儿所管理，然后就出去打工了。

我妈有打过他，小学一年级的时候，他要一角钱，我妈就是不给他，因为赚钱不容易。他说，你不给我钱，我就不上学。我妈就拿棍子打他，打到几百米远，把他打到学校了。还有一次也跟钱有关系，小学二年级，他偷拿钱，被我爸知道了，拿绳子拴他的脚脖子，把他给吊起来。刚吊起来，我姥姥就过来，把他放下来了。平时我弟弟做错事，不听话，我爸也会打他。在我们那里，农村小孩不听话，大人就打，很平常的，我们邻居也是。

我性格内向，从来没跟人吵架打架，都是他和我姐吵架。他打我姐，我不让他打，也会拦。曾经小时候有一次，我们在吃饭，他在咳嗽，我姐就和他吵起来了。后来打起来，当时爸妈不在家，就我们三个，他还去厨房拿菜刀过来，那天还打到我了。

我爸和他兄弟之间也有打架，我妈和我奶奶之间也有打架。我四个舅舅和我妈、小姨也是打架，经常打得头破血流的，跟仇人似的。我不知道这些是遗传，还是受家庭影响。

这一年我弟弟都没有叫过爸妈，和他们有冲突的时候，就直接喊他们的名字。他老打我爸妈，我爸妈已经伤心透了，我爸跟我说，就当没这个儿子。有时他刚打完架，我爸会说气话，干脆不要他了，买药把他毒死好了。我妈生气归生气，那毕竟是她的儿子，会劝我爸不要那样想、那样做。

我弟好像没有认为自己有错，一直没有忏悔、后悔的表现。他怪我爸不关心他，从来不关心。我觉得也是这样，我爸对他的关心很少。我爸想不通为什么会有这样一个儿子，为什么这样对待自己。

我妈现在跟他说话已经很容忍了，低三下四的语气，天天变着法给他做饭，他想吃什么做什么，没钱也要给他做好吃的。我爸妈给他盖楼房，给他买车，就希望他早日找到人结婚。我妈说他有什么要求都可以提出来，可以满足他，如果他们哪里做得不好，也可以讲出来，就是求他嘛，希望他不要再闹下去，不然谁还愿意跟他结婚呢。

我想知道怎么能让弟弟不再打父母？

辅导思路：

1. 咨询师共情来访者的感受，赞赏来访者的咨询行为。

2. 咨询师帮助来访者意识到，弟弟的暴力是传承的。弟弟小时候一方面被爸妈忽略，得不到关爱，另一方面又被暴力对待。全家都是暴力的"榜样"，导致他形成认知误区，让他认为可以用暴力来解决问题，所以习得了暴力。从来访者的描述看，她的姐姐也传承了暴力。

3. 咨询师向来访者介绍家庭暴力的特点、规律，特别是应该"零容忍"的态度。在这个家庭中，除了来访者拒绝和弟弟说话，家庭中也缺少对暴力说"不"的环境。难得一次的报警，妈妈还心疼儿子被关了起来，去求情提前放了出来。妈妈还在给对自己施暴的儿子做饭、给他张罗娶亲，这种态度只会使暴力持续，甚至加剧暴力。

4. 来访者可以利用自己在家中相对和弟弟关系较缓和的优势，发挥自己的作用。和弟弟谈谈，共情他成长过程中的烦恼和痛苦，理解他的情绪，指出暴力破坏了他和家人的关系，也会毁掉他未来的亲密关系甚至一生，鼓励他做出改变。特别是帮助弟弟找到生活的目标，为一个目标努力。当然，弟弟的改变不是简单的事情，来访者可以鼓励弟弟接受专业的辅导。

5. 咨询师可以告知来访者：事实上，全家都需要接受专业的帮助。父母、弟弟，甚至姐姐，都既是加害人，也是受害人。但现在看来显然很难做到这一点，一方面当事人似乎没有改变的愿望，另一方面家庭经济条件也不允许他们进行专业咨询。来访者可以做的，也只是在自己从咨询师这里学习了家暴的知识后，尽可能地去引导家人。比如，鼓励父母反思当年对弟弟的忽视和暴力，真诚道歉，同时对弟弟现在的暴力行为说"不"。

6. 咨询师也要给来访者一些支持，理解她想帮助父母的心情，但这个家庭中的暴力根深蒂固，即使专业人士介入，改变起来也非常困难。她只能尽自己所能，同时对结果不要抱太高期望。她要做的是处理好自己的人生。

7. 咨询师提醒来访者，再遇到弟弟施暴的时候，来访者可以代替父母报警求助。

参考文献

中文参考资料

Emerge：《家庭暴力加害人处遇团体方案手册：Emerge 模式》，朱惠英译，台北：张老师文化事业股份有限公司 2007 年版。

陈敏：《家暴行为需要根据暴力行为背后的动机来判断》，《人民法院报》，2016 年 3 月 23 日。

陈若璋：《性侵害加害人团体处遇治疗方案：本土化再犯预防团体模式》，台北：张老师文化事业股份有限公司 2007 年版。

成蒂：《终结婚姻暴力加害人处遇与咨商》，台北：心理出版社股份有限公司 2004 年版。

贾晓明：《心理热线实用手册》，中国轻工业出版社 2006 年版。

林明杰、黄志中：《他们怎么了？家庭暴力加害人的评估与辅导》，嘉义：涛石文化事业有限公司 2003 年版。

林明杰：《矫正社会工作与咨商：犯罪防治的有效要素》，台北：华杏出版机构 2011 年版。

马克·卡里奇、史蒂文·穆萨克：《性侵害加害人评估与治疗手册》,林明傑、林淑梨译,台北:心理出版社股份有限公司 2005 年版。

杨眉:《妇女热线咨询手册》,中国妇女出版社 2003 年版。

中国法学会反对家庭暴力网络:《反家庭暴力基本读本》,2009 年。

英文参考资料

Agency for Healthcare Research and Quality, "Women and Domestic Violence: Programs and Tools That Improve Care for Victims", U. S. Department of Health and Human Services, http://archive.ahrq.gov/research/domviolria/domviolria.pdf, (accessed April 27, 2013).

Hope After Rape, "Training Manual with Modules for Training CDFU Hotline Counselors Supporting Women Experiencing Violence", http://library.health.go.ug/download/file/fid/1659, Hope After Rape, (accessed May 12, 2013).

Liana Epstein, "Domestic Violence Counseling Training Manual", Cornerstone Foundation, http://www.hotpeachpages.net/camerica/belize/DomesticViolenceTrainingManual.pdf, (accessed May 2, 2013).

Linda L. Baker & Alison J. Cunningham, "Understanding Woman Abuse and its Effects on Children", the Centre for Children & Families in the Justice System, http://www.lfcc.on.ca/learning_to_listen.pdf, (accessed June 13, 2013).

Marlies Sudermann and Peter Jaffe, *A Handbook for Health and Social Service Providers and Educators on Children Exposed to Woman Abuse/Family Violence*, Ottawa: Minister of Public Works and Government Services Canada, 1999.

National Domestic Violence Hotline, "How Can I Help A Friend or Family Member Who is Being Abused?", National Domestic Violence Hotline, http://www.thehotline.org/get-educated/how-can-i-help-a-friend-or-family-member-who-is-being-abused/, (accessed July 13, 2013).

National Domestic Violence Hotline, "Safety Planning", Domestic Violence Hotline, http://www.thehotline.org/get-help/safety-planning/, (accessed July 13, 2013).

Northnode, Inc., "Domestic Violence Training for New Staff and Volunteers," Northnode, Inc., http://www.northnode.org/docs/Northnode%20DV%20Trainers%20Manual.pdf, (accessed May 2, 2013).

P. Y. Frasier et al., "Using the stages of change model to counsel victims of intimate partner violence", *Patient Education and Counseling* 43

(2001): 211–217.

Texas Association Against Sexual Assault, "Sexual Assault Advocate Training Manual", The Iowa Department of Public Health, http://www.taasa.org/member/pdfs/saatm-eng.pdf, (accessed May 5, 2013).

The Aurora Center, "Training Manual: Sexual Assault, Relationship Violence, Stalking", University of Minnesota, http://www.taasa.org/member/pdfs/saatm-eng.pdf, (accessed May 3, 2013).

The Iowa Department of Public Health, The Iowa Department of Public Health, "Domestic Violence Assessment Tips", http://www.idph.state.ia.us/bh/common/pdf/domestic_violence/assess_tips.pdf, (accessed July 2, 2013).

附录　中华人民共和国反家庭暴力法

(2015年12月27日第十二届全国人民代表大会常务委员会第十八次会议通过)

目　录

第一章　总则

第二章　家庭暴力的预防

第三章　家庭暴力的处置

第四章　人身安全保护令

第五章　法律责任

第六章　附则

第一章　总则

第一条　为了预防和制止家庭暴力,保护家庭成员的合法权益,维护平等、和睦、文明的家庭关系,促进家庭和谐、社会稳定，制定本法。

第二条 本法所称家庭暴力，是指家庭成员之间以殴打、捆绑、残害、限制人身自由以及经常性谩骂、恐吓等方式实施的身体、精神等侵害行为。

第三条 家庭成员之间应当互相帮助，互相关爱，和睦相处，履行家庭义务。

反家庭暴力是国家、社会和每个家庭的共同责任。

国家禁止任何形式的家庭暴力。

第四条 县级以上人民政府负责妇女儿童工作的机构，负责组织、协调、指导、督促有关部门做好反家庭暴力工作。

县级以上人民政府有关部门、司法机关、人民团体、社会组织、居民委员会、村民委员会、企业事业单位，应当依照本法和有关法律规定，做好反家庭暴力工作。

各级人民政府应当对反家庭暴力工作给予必要的经费保障。

第五条 反家庭暴力工作遵循预防为主，教育、矫治与惩处相结合原则。

反家庭暴力工作应当尊重受害人真实意愿，保护当事人隐私。

未成年人、老年人、残疾人、孕期和哺乳期的妇女、重病患者遭受家庭暴力的，应当给予特殊保护。

第二章 家庭暴力的预防

第六条 国家开展家庭美德宣传教育，普及反家庭暴力知识，增强公民反家庭暴力意识。

工会、共产主义青年团、妇女联合会、残疾人联合会应当在各自工作范围内，组织开展家庭美德和反家庭暴力宣传教育。

广播、电视、报刊、网络等应当开展家庭美德和反家庭暴力宣传。

学校、幼儿园应当开展家庭美德和反家庭暴力教育。

第七条 县级以上人民政府有关部门、司法机关、妇女联合会应当将预防和制止家庭暴力纳入业务培训和统计工作。

医疗机构应当做好家庭暴力受害人的诊疗记录。

第八条 乡镇人民政府、街道办事处应当组织开展家庭暴力预防工作，居民委员会、村民委员会、社会工作服务机构应当予以配合协助。

第九条 各级人民政府应当支持社会工作服务机构等社会组织开展心理健康咨询、家庭关系指导、家庭暴力预防知识教育等服务。

第十条 人民调解组织应当依法调解家庭纠纷，预防和减少家庭暴力的发生。

第十一条 用人单位发现本单位人员有家庭暴力情况的，应当给予批评教育，并做好家庭矛盾的调解、化解工作。

第十二条　未成年人的监护人应当以文明的方式进行家庭教育，依法履行监护和教育职责，不得实施家庭暴力。

第三章　家庭暴力的处置

第十三条　家庭暴力受害人及其法定代理人、近亲属可以向加害人或者受害人所在单位、居民委员会、村民委员会、妇女联合会等单位投诉、反映或者求助。有关单位接到家庭暴力投诉、反映或者求助后，应当给予帮助、处理。

家庭暴力受害人及其法定代理人、近亲属也可以向公安机关报案或者依法向人民法院起诉。

单位、个人发现正在发生的家庭暴力行为，有权及时劝阻。

第十四条　学校、幼儿园、医疗机构、居民委员会、村民委员会、社会工作服务机构、救助管理机构、福利机构及其工作人员在工作中发现无民事行为能力人、限制民事行为能力人遭受或者疑似遭受家庭暴力的，应当及时向公安机关报案。公安机关应当对报案人的信息予以保密。

第十五条　公安机关接到家庭暴力报案后应当及时出警，制止家庭暴力，按照有关规定调查取证，协助受害人就医、鉴定伤情。

无民事行为能力人、限制民事行为能力人因家庭暴力身体受到严重伤害、面临人身安全威胁或者处于无人照料等危险状态的，公安机关应当通知并协助民政部门将其安置到临时庇护场所、救助管理机构或者福利机构。

第十六条　家庭暴力情节较轻，依法不给予治安管理处罚的，由公安机关对加害人给予批评教育或者出具告诫书。

告诫书应当包括加害人的身份信息、家庭暴力的事实陈述、禁止加害人实施家庭暴力等内容。

第十七条　公安机关应当将告诫书送交加害人、受害人，并通知居民委员会、村民委员会。

居民委员会、村民委员会、公安派出所应当对收到告诫书的加害人、受害人进行查访，监督加害人不再实施家庭暴力。

第十八条　县级或者设区的市级人民政府可以单独或者依托救助管理机构设立临时庇护场所，为家庭暴力受害人提供临时生活帮助。

第十九条　法律援助机构应当依法为家庭暴力受害人提供法律援助。

人民法院应当依法对家庭暴力受害人缓收、减收或者免收诉讼费用。

第二十条　人民法院审理涉及家庭暴力的案件，可以根据公安机关出警记录、告诫书、伤情鉴定意见等证据，认定家庭暴力事实。

第二十一条 监护人实施家庭暴力严重侵害被监护人合法权益的,人民法院可以根据被监护人的近亲属、居民委员会、村民委员会、县级人民政府民政部门等有关人员或者单位的申请,依法撤销其监护人资格,另行指定监护人。

被撤销监护人资格的加害人,应当继续负担相应的赡养、扶养、抚养费用。

第二十二条 工会、共产主义青年团、妇女联合会、残疾人联合会、居民委员会、村民委员会等应当对实施家庭暴力的加害人进行法治教育,必要时可以对加害人、受害人进行心理辅导。

第四章 人身安全保护令

第二十三条 当事人因遭受家庭暴力或者面临家庭暴力的现实危险,向人民法院申请人身安全保护令的,人民法院应当受理。

当事人是无民事行为能力人、限制民事行为能力人,或者因受到强制、威吓等原因无法申请人身安全保护令的,其近亲属、公安机关、妇女联合会、居民委员会、村民委员会、救助管理机构可以代为申请。

第二十四条 申请人身安全保护令应当以书面方式提出;书面申请确有困难的,可以口头申请,由人民法院记入笔录。

第二十五条 人身安全保护令案件由申请人或者被申请人居住

地、家庭暴力发生地的基层人民法院管辖。

第二十六条　人身安全保护令由人民法院以裁定形式作出。

第二十七条　作出人身安全保护令，应当具备下列条件：

（一）有明确的被申请人；

（二）有具体的请求；

（三）有遭受家庭暴力或者面临家庭暴力现实危险的情形。

第二十八条　人民法院受理申请后，应当在七十二小时内作出人身安全保护令或者驳回申请；情况紧急的，应当在二十四小时内作出。

第二十九条　人身安全保护令可以包括下列措施：

（一）禁止被申请人实施家庭暴力；

（二）禁止被申请人骚扰、跟踪、接触申请人及其相关近亲属；

（三）责令被申请人迁出申请人住所；

（四）保护申请人人身安全的其他措施。

第三十条　人身安全保护令的有效期不超过六个月，自作出之日起生效。人身安全保护令失效前，人民法院可以根据申请人的申请撤销、变更或者延长。

第三十一条　申请人对驳回申请不服或者被申请人对人身安全保护令不服的，可以自裁定生效之日起五日内向作出裁定的人民法院申请复议一次。人民法院依法作出人身安全保护令的，复议期间不停止人身安全保护令的执行。

第三十二条　人民法院作出人身安全保护令后，应当送达申请人、被申请人、公安机关以及居民委员会、村民委员会等有关组织。人身安全保护令由人民法院执行，公安机关以及居民委员会、村民委员会等应当协助执行。

第五章　法律责任

第三十三条　加害人实施家庭暴力，构成违反治安管理行为的，依法给予治安管理处罚；构成犯罪的，依法追究刑事责任。

第三十四条　被申请人违反人身安全保护令，构成犯罪的，依法追究刑事责任；尚不构成犯罪的，人民法院应当给予训诫，可以根据情节轻重处以一千元以下罚款、十五日以下拘留。

第三十五条　学校、幼儿园、医疗机构、居民委员会、村民委员会、社会工作服务机构、救助管理机构、福利机构及其工作人员未依照本法第十四条规定向公安机关报案，造成严重后果的，由上级主管部门或者本单位对直接负责的主管人员和其他直接责任人员依法给予处分。

第三十六条　负有反家庭暴力职责的国家工作人员玩忽职守、滥用职权、徇私舞弊的，依法给予处分；构成犯罪的，依法追究刑事责任。

第六章　附则

第三十七条　家庭成员以外共同生活的人之间实施的暴力行为,参照本法规定执行。

第三十八条　本法自 2016 年 3 月 1 日起施行。